Un GRAND Week-end

LISBONNE

Ruelle du Bairro Alto

LISBONNE

Aussi dépaysante qu'attachante, la capitale lusitanienne a le vent en poupe ! Ouverture de musées et de concept stores, métamorphose des docks en lieux hype, street art de haute volée, expériences gastronomiques... Lisboa est plus créative que jamais ! Mais la plus belle des villes portugaises n'en est pas moins une cité millénaire au romantisme débordant ! Pour la découvrir, empruntez ascenseurs et funiculaires (ah, les sept collines de Lisbonne !), gravissez d'interminables escaliers, grimpez au hasard dans un tram vintage et laissez-vous happer par son incomparable douceur de vivre comme par la beauté de ses vieux *bairros* (quartiers) colorés...

Quartier de l'Alfama

Marjolaine Koch, journaliste, est une vraie citadine dans l'âme. Son credo ? Arpenter inlassablement les villes d'Europe pour comprendre leur histoire, découvrir leurs quartiers et prendre le pouls de la vie locale. À la recherche de pépites architecturales et culturelles, elle scrute les détails perchés sur les façades colorées et les monuments, déniche les bons plans pour s'immerger dans la culture locale… Et à Lisbonne, les opportunités ne manquent pas !

Yoann Stoeckel, photographe, vit entre Paris et New York, quand il n'est pas dans un avion à destination de son prochain lieu de reportage. Il a arpenté Lisbonne pour photographier les adresses sélectionnées par Marjolaine, dont certaines ne sont rien d'autre que ses propres coups de cœur. Sensible à la poésie du réel, Yoann tend à transformer des instants de vie en éléments cinématographiques.

Un Grand Week-end sur les réseaux sociaux

Suivez-nous sur *Facebook*, *Twitter* et *Instagram* **@Ungrandweekend**

Vous y trouverez nos photos coups de cœur, nos expériences uniques et surtout une réponse personnalisée à toutes vos questions.

Et si vous y contribuiez ? Nous aimons beaucoup voir nos guides en voyage : postez une photo de votre guide en situation et taguez-nous, nous partagerons les plus belles et récompenserons régulièrement les plus appréciées.

2018 Les expos À NE PAS MANQUER

Museu Nacional de Arte Contemporânea do Chiado

MUSEU CALOUSTE GULBENKIAN

➥ Par-delà le miroir

Quand le miroir devient la pièce centrale : c'est le point commun de toutes les œuvres réunies pour cette exposition thématique. Son objectif ? Montrer à quel point la présence du miroir revient dans tous les arts et tous les médias. De la littérature, avec Alice, l'héroïne de Lewis Caroll, à la sculpture en passant par la photographie ou le cinéma, le miroir alimente l'art !

Jusqu'au 5 février 2018.

Infos pratiques p. 84.

MUSEU NACIONAL DE ARTE CONTEMPORÂNEA DO CHIADO (MNAC)

➥ Le genre dans l'art. Corps, sexualité, identité, résistance.

Le genre : une identité forgée par des normes socio-culturelles, qui renvoient vers la case « femme » ou « homme ». Une quinzaine d'artistes portugais sont invités à explorer les rôles sociaux et à déconstruire toutes les catégories. Hétérosexualité, lesbianisme, homosexualité, transsexualité, intersexualité... Comment se forge la construction des genres,

et comment s'en émancipe-t-on ? L'exposition ouvre le débat.
Jusqu'au 11 mars 2018.

➡ La séduction de la modernité

Comment la littérature du XIXe s. a-t-elle propulsé la création artistique dans la modernité ? Cette exposition raconte comment l'anticonformisme de la littérature de cette époque est parvenu à soulever les artistes contre le bon goût institutionnalisé. De 1850 à la veille du XXe s., les œuvres exposées sont une fascinante plongée dans cette mutation qui vit éclore de multiples courants.
Jusqu'au 15 avril 2018.
Infos pratiques p. 37.

MUSEU DE ARTE, ARQUITETURA E TECNOLOGIA (MAAT)

➡ Electronic Superhighway (1966-2016)

D'abord présentée à la Whitechapel Gallery (Londres), cette exposition réunit une centaine d'œuvres illustrant l'impact des nouvelles technologies et d'Internet sur la création. Cinquante années défilent sous nos yeux et montrent à quel point l'art a été marqué par les grands changements technologiques, des premiers postes télé jusqu'à l'Internet mobile. Fulgurant !
Jusqu'au 19 mars 2018.
Infos pratiques p. 92.

MUSEO DO DESIGN E DA MODA (MUDE)

➡ Quand le design traverse l'Atlantique

Fermé pour travaux, le MUDE poursuit ses expositions au Palácio dos Condes da Calheta. Deux conservatrices, l'une brésilienne, l'autre portugaise, confrontent leur vision du design mobilier contemporain : les pièces choisies traduisent l'histoire et la culture de leurs nations, et illustrent le choc entre culture locale, tradition, innovation et mondialisation.
Jusqu'au 20 mai 2018.
Voir p. 26.

MUSEU NACIONAL DE HISTÓRIA NATURAL E DA CIÊNCIA

➡ Mar Mineral

Les fonds marins recèlent de précieux minéraux pour le développement des technologies qui nous accompagnent au quotidien : téléphone portable, ordinateur, traitements anticancéreux... À travers cette exposition, le musée expose le travail réalisé par des chercheurs portugais dans ce domaine, et les méthodes utilisées pour explorer les fonds marins.
Jusqu'au 13 juillet 2018.
Rua da Escola Politécnica 56/58, bus 202 ou 758, arrêt Rua da Escola Politécnica • ☎ 213 921 800
• www.museus.ulisboa.pt
• Mar.-ven. 10h-17h, sam.-dim. 11h-18h
• Entrée : 5 €.

Les incontournables
DE LISBONNE

PRAÇA DO COMÉRCIO

La praça do Comércio est la place emblématique de Lisbonne : tous les circuits y convergent. Marquée par l'histoire de la ville, elle ne manquera pas de vous éblouir avec ses bâtiments jaune safran, son marché artisanal et l'intense activité qui y règne. Voir p. 24.

ELEVADOR DE SANTA JUSTA

La délicatesse de l'architecture de cet ascenseur urbain saura charmer les plus sceptiques. D'autant plus que la vue qu'il offre de Lisbonne est absolument superbe. Voir p. 27.

BAIRRO ALTO

À la tombée du jour, le Bairro Alto accueille les oiseaux de nuit à bras ouverts pour danser et faire la fête dans ses nombreux bars, restaurants et discothèques. Laissez-vous emporter par cette ambiance joyeuse et désinvolte !
Voir p. 38.

ALFAMA

Âme de Lisbonne, ce quartier authentique surprend le visiteur. Au détour de ses ruelles étroites et sinueuses, les scènes de la vie quotidienne et les boutiques pittoresques apporteront une touche de douceur à votre promenade. Voir p. 46.

CASTELO DE SÃO JORGE

Ces vestiges du Moyen Âge dégagent une atmosphère toute particulière, rappelant que Lisbonne a été une ville marquée par l'histoire. Pour ajouter à la magie du lieu, le Castelo offre aussi un panorama unique de la capitale. Voir p. 51.

MUSEU NACIONAL DO AZULEJO

Cet ancien couvent est l'exemple même de la beauté et de l'exubérance du baroque portugais, soulignées par les déclinaisons d'azulejos. L'azulejo ne fait qu'un avec l'art portugais et décore Lisbonne de carrés colorés tous différents. Voir p. 60.

PARQUE EDUARDO VII

Le lieu idéal pour décompresser en se plongeant dans les magnifiques serres de ce vaste parc à la française ! Trois serres, trois écosystèmes, pour un dépaysement total. En prime, un panorama de la ville depuis le jardin Amália-Rodrigues. Voir p. 82.

MUSEU CALOUSTE GULBENKIAN

Ce musée (parmi les plus prestigieux d'Europe) expose quatre millénaires de création artistique, de l'Antiquité au début du XXe s. Une collection riche de 6 000 œuvres éclectiques qui s'expose également dans le très beau parc. Voir p. 84.

BELÉM

La tour de Belém, véritable bijou d'architecture se reflétant dans le Tage, mérite une halte avant de découvrir l'architecture audacieuse du Mosteiro dos Jerónimos. Symbole de l'époque des grandes découvertes et des explorateurs, Belém regorge de monuments et de musées passionnants, notamment le tout nouveau Museu de Arte, Arquitetura e Tecnologia (MAAT). Voir p. 86.

PARQUE DAS NAÇÕES

Un quartier futuriste, des bâtiments vertigineux et une télécabine pour survoler la scène... Sans compter l'un des plus grands aquariums d'Europe, dont les nombreux écosystèmes recréés sont époustouflants. Voir p. 100.

SINTRA

Une ancienne résidence royale façon patchwork, un palais fantaisiste aux couleurs hypervitaminées perché sur une colline, une *quinta* délirante tout droit sortie d'un rêve manuélin, une forteresse bâtie par les Arabes au IXe s., le tout au cœur d'une serra romantique à souhait... Décidément, la belle Sintra ne laisse jamais indifférent.
Voir p. 104.

10 expériences UNIQUES

SIROTER UN *BICA* AVEC LE FANTÔME DE PESSOA...

... aux terrasses des vieux cafés littéraires A Brasileira (p. 118) et Café Martinho da Arcada (p. 26). Le *bica*, ce petit café serré pris à toute heure, accompagne les pauses des Portugais !

DÉCOUVRIR TOUTES LES NUANCES DE PORTO...

... au Solar do Vinho do Porto (p. 146), sans conteste l'un des bars à porto les plus emblématiques de Lisbonne. Un lieu cosy, à l'écart de la foule, où l'interminable liste de crus vous donnera l'occasion d'affiner vos connaissances en matière de porto !

GOÛTER AUX *PASTÉIS DE NATA* QUI SORTENT DU FOUR...

... à la Pastelaria Versailles (p. 137), la « Grande Dame » de Lisbonne, tout en stucs et vieux lustres, où l'on discute autour des petits flans crémeux comme dans les années 1920.

DÉCOUVRIR LE STREET ART DE LISBONNE...

... avec Lisbon Street Art Tours (p. 201), un collectif de designers et d'anthropologues du street art francophones et anglophones. L'occasion de découvrir l'histoire qui lie la ville aux fresques qui l'embellissent.

DÉCOUVRIR LA BAIE DE SETÚBAL...

... et une fabrique traditionnelle d'azulejos avec Feathers & Scales (p. 201). Vasco, francophile passionné de nature, vous embarque à bord de sa Jeep pour une excursion au plus près de la nature : falaises à pic, traces de dinosaures, faune sauvage... Plein de surprises au rendez-vous !

PISTER LA LISBONNE UNDERGROUND...

... dans les friches industrielles de la LX Factory (p. 77) ou dans les échoppes créatives du Bairro Alto (p. 38).

SE CROIRE À LA BELLE ÉPOQUE...

... au comptoir de l'une des nombreuses merceries Art nouveau de la rua da Conceição (p. 27) ou dans le splendide palais du concept store Embaixada. Voir p. 65.

DÉBUSQUER LES FUTURES ÉTOILES DU FADO...

... en grignotant des *petiscos* chez Povo (p. 151), une petite *tasca* bohème à l'esprit ouvert qui reçoit chaque mois un jeune artiste en résidence.

DÉCOUVRIR LISBONNE DEPUIS LES FENÊTRES DU TRAM 28E

Parfait pour visiter Lisbonne quand on manque de temps, ce tramway typique traverse les quartiers principaux de la ville à travers des rues qu'il est parfois le seul à pouvoir emprunter ! Voyage mémorable garanti. Voir p. 48.

S'OFFRIR UNE MINI-CROISIÈRE...

... en voilier pour admirer le coucher de soleil sous le pont du 25-Avril, tout en sirotant un verre de vin au gré des flots. Une excursion en petit groupe (6 pers. max) et un point de vue unique sur la ville depuis les rives du Tage (Bonjour Lisbonne, p. 199).

Un grand week-end SUR MESURE

Première fois à Lisbonne ?

Suivez notre programme pour ne rien rater des incontournables de Lisbonne ! Nous avons découpé la ville en 16 quartiers et nous vous proposons des escapades à Queluz et Sintra, sur la Costa do Sol et sur les plages de Costa da Caparica. Évidemment, en trois jours, vous ne pourrez pas faire toutes ces balades. À vous de voir si vous voulez remplacer telle visite par une autre en fonction de vos centres d'intérêt…

Ribeira das Naus

PREMIER JOUR

➡ Pour prendre la température de Lisbonne, entamez votre journée du côté de la gare centrale du Rossio (quartier 2) : après avoir parcouru les ruelles pavées typiquement lisboètes, admiré l'église de São Domingos et traversé l'emblématique praça Dom Pedro IV, offrez-vous une halte méritée dans la plus vieille pâtisserie de la ville : la Confeitaria Nacional. Ensuite, aventurez-vous dans la Baixa (quartier 1) pour un peu de lèche-vitrines.

➡ Reprenez votre chemin en direction du Tage pour rejoindre la praça do Comércio et son arc de triomphe, et filez au Lisboa Story Centre pour une plongée passionnante dans l'histoire de la ville (quartier 1).

➡ Depuis la place, sautez à bord du tram 28E pour rejoindre le quartier de l'Alfama (quartier 6). Perdez-vous dans son tracé labyrinthique, admirez le street art qui égaye les façades, faites le plein de conserves de poisson à la Conserveira de Lisboa, puis terminez votre journée sur un air de fado au Tascabeat do Rosário, où l'on déguste *petiscos* et bon vin dans une ambiance bohème.

DEUXIÈME JOUR

➥ Sur les bords du Tage, le Cais do Sodré (quartier 5) est un excellent point de départ pour découvrir le cœur historique. Après une balade sur la promenade aménagée, offrez-vous une pâtisserie au Mercado da Ribeira, avant d'emprunter l'*ascensor* pour rejoindre le quartier de Bica.

➥ De la praça Luís de Camões, enfoncez-vous dans les ruelles du populaire Bairro Alto (quartier 4), puis gagnez le Miradouro de São Pedro de Alcântara.

➥ La rua Dom Pedro IV vous guidera vers le quartier de Príncipe Real (quartier 9), quartier cool et créatif de Lisbonne. Pour une pause fraîcheur, visitez le Reservatório da Patriarcal, un réservoir d'eau souterrain, ou poussez la porte du concept store Embaixada.

➥ À la nuit tombante, craquez pour quelques *petiscos* au Lost In : de sa terrasse, vue imprenable sur la ville basse et le Castelo de São Jorge... Pour achever la journée sur une note de musique brésilienne, filez au Portas Largas, bar phare du Bairro Alto.

TROISIÈME JOUR

➥ Véritable creuset de l'histoire portugaise, Belém (quartier 14) regorge de musées et de monuments historiques étourdissants. Après une excursion jusqu'à la Torre de

Terrasse du Lost In

Belém, à vous de choisir entre le Museu de Marinha pour les amateurs d'aventures maritimes, le Mosteiro dos Jerónimos, ancien refuge des marins et monument grandiose, le palpitant Museu Coleção Berardo pour les amateurs d'art moderne, ou encore le tout récent Museu de Arte, Arquitecturia e Tecnologia, dédié aux mutations des villes. Et n'oubliez pas de goûter les célèbres *pastéis de nata* !

➥ Sur le chemin du retour, faites une halte sur les docks (quartier 11), où de nombreuses options s'offrent à vous pour achever cette journée. Arrêtez-vous au village créatif de LX Factory ou bien à Cafetaria Village pour dîner dans un bus à impériale !

Déjà venu ?

Vous connaissez déjà les incontournables de Lisbonne ? Sortez des sentiers battus et explorez des quartiers plus authentiques ou partez en excursion dans la romantique Sintra !

Palácio National de Sintra

SINTRA (QUARTIER 17)

➥ Direction l'Estação Central do Rossio (la gare centrale) pour prendre un train direct vers Sintra. La douceur du « glorieux Éden » permet une escapade romantique à souhait. Vous y découvrirez des palais et châteaux à l'architecture et aux couleurs dignes de contes fantastiques, au milieu de grands jardins luxuriants. Une virée hors du temps à quelques minutes seulement de la capitale. Magique !

GRAÇA ET MOURARIA (QUARTIER 7)

➥ L'Alfama, les touristes en moins et le fado en plus ! Pour une vue panoramique, rendez-vous au plus haut belvédère

de Lisbonne, le Miradouro da Senhora do Monte, qui offre aussi la vue la plus dégagée sur la ville. Vous vous rendrez vite compte que le quartier est le foyer du mélange des cultures lisboètes. Le fado y trouve ses origines et ce ne sont pas les portraits que vous surprendrez aux murs des rues qui vous diront le contraire ! Graça et Mouraria sont des quartiers hétéroclites et pittoresques, pour notre plus grand plaisir.

CAMPO GRANDE, LUMIAR ET MONSANTO (QUARTIER 15)

➡ Excentrés, les quartiers du nord de Lisbonne sont une bonne alternative si vous pensez que la ville n'a plus de secrets pour vous. Si, au premier abord, ils semblent ultra-industrialisés et désagréables, ils cachent en réalité des trésors culturels uniques en leur genre et autres espaces de détente, à l'image du Museu Nacional do Traje e da Moda, dont la collection vaut le détour. Derrière le béton armé des quartiers nord de la ville bat un cœur : pour preuve, c'est ici que le Museu de Lisboa vous racontera l'histoire si riche de la capitale portugaise.

Fêtes & FESTIVALS

Février

Mardi gras
Le carnaval a lieu durant la période précédant le mercredi des Cendres.

Mars

Semaine sainte
Festivités religieuses et processions.

Avril

Peixe em Lisboa
Dégustations, cours de cuisine de grands chefs, marché de gourmets... C'est le rendez-vous gastronomique de l'année au Pátio da Galé !
www.peixemlisboa.com

Dias da Música em Belém
Un festival de musique classique au centre culturel de Belém.
www.ccb.pt

Fête de la Liberté
Le 25 avril, cérémonies officielles et défilés militaires en souvenir de la chute du régime de Salazar en 1974.

Indielisboa
Festival international du film indépendant avec plus de 300 films projetés dans plusieurs cinémas de la ville.
www.indielisboa.com

Festival In
La vitrine de l'innovation et de la créativité portugaises au Parque das Nações : art, mode, musique, design, théâtre, multimédia et jeux vidéo.
www.festivalin.pt

Mai

Feira do Livro
Cette grande foire au livre se déroule dans le parc Eduardo-VII pendant une quinzaine de jours.
www.feiradolivrodelisboa.pt

Meo Out Jazz
De mai à septembre, concerts de jazz gratuits dans les parcs, jardins, hôtels et musées les samedis et dimanches en fin d'après-midi.
www.ncs.pt/outjazz.php

Estoril Jazz
En mai ou en juin, l'auditorium du casino d'Estoril swingue pendant une semaine au rythme du jazz.
www.projazz.pt

Festival de Sintra
Fin mai-début juin, les spectacles de musique et de danse investissent les palais de Sintra, de Pena ou de Queluz.
www.festivaldesintra.pt

Juin

Festas de Lisboa / Festas dos Santos Populares
Pendant un mois, les Fêtes de Lisbonne font vibrer les vieux quartiers de la capitale : spectacles de rue, concerts, expos, fête du Fado... avec pour temps forts les fêtes des saints populaires et leurs défilés costumés avenida da Liberdade, les bals et fêtes de rue pour les saints Antoine (12 et 13 juin), Jean (23 et 24) et Pierre (28 et 29).
www.festasdelisboa.com

Fête nationale
Célébrée le 10 juin, elle marque aussi le souvenir de la mort du poète Luís de Camões en 1580.

Arraial Pride
Fin juin, terreiro do Paço se transforme en village gay, avec des activités tout public le jour, et une immense piste de danse le soir.
www.ilga-portugal.pt

Juillet

Festival de Théâtre d'Almada
Début juillet, productions théâtrales nationales

et internationales à Lisbonne et sur l'autre rive du Tage.
www.ctalmada.pt

Super Bock Super Rock
À la mi-juillet, ce festival de rock enflamme le Parque das Nações avec des stars internationales.
www.superbocksuperrock.pt

Cool Jazz Fest
Concerts jazz ou pop en plein air à Oeiras, dans la banlieue ouest de Lisbonne.
www.edpcooljazz.com

Festival ao Largo
Tout le mois de juillet, opéras et concerts classiques gratuits et en plein air devant le théâtre de São Carlos.
www.festivalaolargo.com

Nos Alive
Le grand festival de musique pop de Lisbonne se déroule pendant trois jours au Passeio Marítimo de Algès.
www.nosalive.com

Août

Jazz em Agosto
Première quinzaine d'août, festival jazz de haute volée dans le parc de la fondation Gulbenkian.
www.gulbenkian.pt/musica

Festas do Mar
Fêtes de la Mer à Cascais pendant une dizaine de jours : nombreux concerts et animations...

Septembre

Queer Lisboa
Le festival du film gay et lesbien de Lisbonne a lieu fin septembre.
www.queerlisboa.pt

Bairro das Artes
L'art contemporain est à l'honneur lors de cette « nuit blanche » lisboète.
www.bairrodasartes.pt

Jornadas Europeias do Património
Les Journées européennes du patrimoine ont lieu le 3e week-end du mois. Reconstitutions historiques, visites de sites, performances... De nombreux sites ouvrent exceptionnellement leurs portes.
www.patrimoniocultural.gov.pt

Octobre

Rock'n'roll Marathon
Un parcours de marathon (et semi-marathon) le long du Tage, de Cascais au Parque das Nações, jalonné de concerts de rock et d'animations.
www.pt.competitor.com

Novembre

Lisbon & Estoril Film Festival
Rendez-vous du cinéma international : projections, débats, rétrospectives, ateliers, concerts, expos...
www.leffest.com

Décembre

Fête du Nouvel An
La nuit de la Saint-Sylvestre est un événement important à Lisbonne avec des concerts, des animations et un feu d'artifice tiré en face du fleuve !

Visites

PAR QUARTIER

Portugal
Lisboa Portugal
Lisboa
Portugal
Lisboa
Lisboa
Portugal
Lisboa
Portugal
Lisboa
Lisboa Portugal
Lisboa

À SAVOIR

Tram 28E dans les rues de l'Alfama

VISITER LA VILLE

Nous avons découpé la ville en **16 quartiers** que vous pouvez pour la plupart visiter à pied. Les quartiers excentrés comme Belém (quartier 14), les docks (quartier 11) ou le Parque das Nações (quartier 16) sont accessibles en train, tram ou métro. Nous vous proposons également deux escapades dans les environs proches. Pour rallier Sintra (quartier 17), vous devrez prendre le train, puis vous pourrez vous déplacer en bus entre les principaux sites. La Costa do Sol (quartier 18) est accessible via le train du littoral depuis Cais do Sodré.

LIRE LES CARTES

Chaque visite est accompagnée d'un plan détaillé sur lequel nous avons placé tous les **points d'intérêt** du quartier. Les **pastilles de couleur** indiquent nos bonnes adresses de **restos,** de **bars** et de **boutiques.** Le numéro de la pastille colorée correspond à celui attribué à chacune des adresses. Reportez-vous au chapitre concerné pour lire la notice de l'établissement.

SE DÉPLACER

Les rues de Lisbonne sont pentues, très pentues: prévoyez de bonnes chaussures et n'hésitez pas à sauter dans un funiculaire, un ascenseur ou un tram pour vous reposer un peu! De même, étant donné le nombre d'escaliers, évitez les poussettes. Certains quartiers, comme l'Alfama, sont même déconseillés pour les familles avec de jeunes enfants pour cette raison. Dans les quartiers comme Campo Grande, Lumiar et Monsanto (quartier 15), la marche est moins agréable et vous apprécierez davantage le métro, le taxi ou le bus pour vous rendre d'un site à l'autre. Plus de détails dans le carnet pratique, p. 190.

Rua das Salgadeiras

NOS CONSEILS DE VISITE

Pensez aux billets combinés, qui vous permettront de faire des économies... Ainsi qu'aux nombreux musées gratuits (ou presque).

Les horaires d'ouverture des églises sont assez aléatoires: prévoyez un plan de secours au cas où vous trouveriez porte close.

1 La Baixa, autour de LA PRAÇA DO COMÉRCIO

Restos & bistrots p. 115 | Bars, clubs & sorties p. 143 | Boutiques p. 167

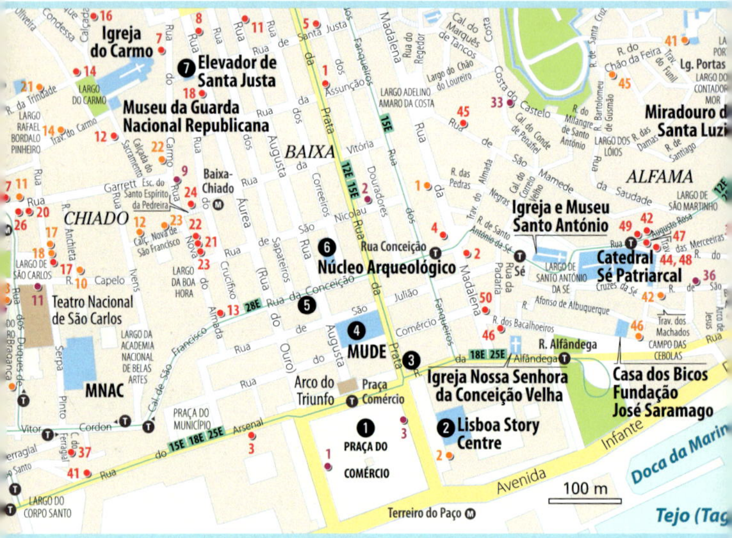

Depuis la praça do Comércio se déploie la ville pombaline, cité idéale tracée au cordeau par le marquis de Pombal après le séisme de 1755. La « ville basse » (Baixa, prononcez « baillecha »), damier de rues piétonnes et commerçantes, charme avec ses mosaïques de pavés polis, ses échoppes surannées, ses vieux bars à *ginja*, ses cireurs de chaussures, ses artistes de rue et ses vendeurs à la sauvette…

❶ PRAÇA DO COMÉRCIO★★★

L'ancienne **place du Palais** (terreiro do Paço), qui accueillit le palais royal pendant quatre siècles, s'ouvre sur la Baixa par un **arc de triomphe** et sur le Tage par un **embarcadère.** C'est ici qu'épices et or des colonies étaient déchargés.

Aujourd'hui, en fin de journée, une foule compacte se rue vers les ferrys de banlieue. Chaque week-end, un **marché artisanal** s'installe sous les arcades.

Les bâtiments

Après le séisme de 1755, de nouveaux bâtiments à arcades furent construits sur cette vaste place par Eugénio dos Santos et Carlos Mardel. À la proclamation de la République, en 1910, ils furent peints en rose. Aujourd'hui, c'est un jaune royal qui les illumine.

La statue équestre du roi José Ier

Au centre se dresse fièrement le roi José Ier (1750-1777) sur un cheval de bronze qui piétine des serpents. Cette œuvre a été sculptée en 1775 par le célèbre Machado de Castro.

L'arco da rua Augusta

Faisant office de porte d'entrée, l'**arc de triomphe** donnant sur la rua Augusta est recouvert de grandes figures historiques comme Vasco da Gama ou le marquis de Pombal. Un ascenseur (t.l.j. 9h-19h, 2,50 €) vous propulse au sommet pour une vue renversante sur la praça do Comércio et la Baixa. La visite comprend l'accès à la salle de machinerie de l'horloge.

Le côté sud

Reconnaissable à ses deux tours carrées, le **Cais das Colunas** a

Arco do triunfo, rua Augusta

quelque chose de magique avec son grand escalier de marbre qui pénètre dans les eaux du Tage. Ce point d'amarrage, accès privilégié des rois et des ambassadeurs, cultive le symbole d'un pays ouvert sur le monde.

❷ LISBOA STORY CENTRE MEMÓRIAS DA CIDADE★★

De l'Olisipo romaine à la révolution des Œillets (1974) en passant par la Lisbonne des découvertes et le séisme de 1755, revivez l'histoire de l'une des plus vieilles cités du monde au fil d'un parcours audioguidé riche en installations et en vidéos. À l'étage, salle

Maquette de caravelle, Lisboa Story Centre

interactive avec maquette virtuelle et écran tactile pour observer Lisbonne du ciel.

Praça do Comércio, 78-81 • ☎ 211 941 099 • www.lisboastorycentre.pt • T.l.j. 10h-20h • Entrée : 7 €.

❹ MUSEU DO DESIGN E DA MODA (MUDE)★★

Installé dans l'ancien siège social de la banque BNU, le MUDE a pour vocation de présenter les œuvres de grands designers et couturiers du XXe s. (Charles et Ray Eames, Le Corbusier, Courrèges, Vivienne Westwood...), réunies par l'homme d'affaires Francisco Capelo puis acquises par la ville. Le projet d'aménagement en cours devrait offrir aux collections un plus bel écrin et mettre en valeur l'histoire du bâtiment.

Rua Augusta, 24 • ☎ 218 886 117 • www.mude.pt • F. pour travaux ; réouverture prévue en 2018.
Les expositions temporaires ont lieu au **Palácio dos Condes da Calheta** : Jardim Botânico Tropical, rua Gen. João de Almeida, 15, bus 727, arrêt Calçada Galvão • ☎ 213 620 210 • Mar-dim. 10h-18h.

❸ Pause dans le plus vieux café de Lisbonne : Café Martinho da Arcada

Quand il n'était pas accoudé au comptoir d'A Brasileira (voir p. 118), Pessoa fréquentait ce café littéraire ouvert en 1782. Si vous ne décrochez pas la table très disputée du poète, vous pourrez malgré tout siroter un verre ou grignoter un sandwich (3,50-4 €) sous les arcades de la terrasse.

Praça do Comércio, 3 • ☎ 218 879 259 • www.martinhodaarcada.com • Lun.-sam. 7h-23h • Plat : 3,50-24 €.

❺ RUA DA CONCEIÇÃO*

Hors du temps, la « rue des Merceries » aligne les échoppes traditionnelles où vous pourrez faire le plein de jolis boutons rétro, de passementeries et de rubans de toutes les couleurs. Au n° 91, ne manquez pas la délicieuse vitrine Art nouveau de la boutique **Retrosaria Bijou,** ouverte depuis 1915.

❻ NÚCLEO ARQUEOLÓGICO*

La banque Millenium BCP cache dans son sous-sol des vestiges de la Lisbonne romaine et médiévale. L'itinéraire souterrain vous guide entre les murs d'habitations romaines et médiévales et dans les vestiges d'un complexe préindustriel - une voie pavée garde la trace de roues - avec silos à céréales, amphores à huile et bassins de salaison. Une magnifique mosaïque (IIIe s.) indique l'existence de thermes romains.

Fundação Banco Comercial Português (BCP), rua dos Correeiros, 9R/C ; accès : rua Augusta, 96 • ☎ 211 131 004 • Visites guidées gratuites (en portugais et en anglais) : lun.-sam. 10h-17h (toutes les heures) ; f. j.f. ; résa conseillée • Entrée libre.

❼ ELEVADOR DE SANTA JUSTA***

Le style « dentelle de fer » ne trompe pas : cet ascenseur (1902) a été dessiné par Mesnier de

Elevador de Santa Justa

Ponsard, un disciple d'Eiffel ! À l'époque, devant une foule ébahie, le roi a franchi à cheval la haute passerelle, prouvant ainsi sa solidité. L'*elevador* a conservé ses belles cabines en bois pour transporter les passagers de la Baixa au Chiado, 32 m plus haut. De la plateforme, accessible par un étroit escalier en colimaçon, la vue est spectaculaire : la Baixa, le Rossio, le Castelo de São Jorge et le Tage se déploient sous vos yeux.

Rua do Ouro/largo do Carmo • Mai-oct. : t.l.j. 7h30-23h ; nov.-avr. : t.l.j. 7h30-21h • Entrée (A/R et mirador) : 5,15 € • Mirador : entrée 1,50 €.

Lisbonne après le séisme de 1755

Le jour de la Toussaint de 1755, un violent tremblement de terre ébranle Lisbonne. Sebastião José de Carvalho, marquis de Pombal, alors Premier ministre, va devenir le promoteur d'une véritable révolution urbanistique et économique. Il fait complètement raser le centre pour ériger une cité nouvelle, inspirée de l'esthétisme et du rationalisme de l'époque des Lumières.

LE TREMBLEMENT DE TERRE

Les premières secousses eurent lieu pendant la messe, provoquant **l'effondrement des voûtes de nombreuses églises.** La panique poussa les gens vers le fleuve, où ils furent refoulés par un raz-de-marée. Famine et épidémies succédèrent à la catastrophe. Lisbonne, ville très peuplée pour l'époque (150 000 habitants), compta environ 40 000 victimes. La magnitude du séisme, aujourd'hui estimée à 9 sur l'échelle de Richter, en fait l'un des plus puissants de l'histoire humaine. **L'événement défraya la chronique** dans l'Europe entière.

L'ESPRIT DES LUMIÈRES

Pombal ressortit triomphant de cette épreuve. Il obtint carte blanche du roi tant pour la **reconstruction de la ville** que pour la poursuite de sa politique. **Despote éclairé**, il engagea des réformes dans les domaines de l'économie, de la justice, de l'enseignement et du commerce. Résolument laïc et libéral, il avait pour ambition de transformer le pays entier en favorisant le développement d'une classe moyenne au détriment d'une noblesse et d'un clergé trop puissants. Ainsi, il abolit l'esclavage et entreprit une croisade féroce contre les jésuites.

UNE ESTHÉTIQUE RATIONNELLE

Souvent comparé à Haussmann, **Pombal** adopta, 100 ans avant lui, une approche fonctionnelle de l'urbanisme : reconstruire en rationalisant afin de faire de Lisbonne une **ville modèle** ! Finies, les ruelles tortueuses et les façades fantaisistes. Les artères deviennent larges et orthogonales, et les édifices tous identiques, sans fioritures. Pour la première fois, on utilise des matériaux standardisés, souvent importés. Dans un souci de salubrité publique, Pombal rend obligatoires les puits, lance l'idée des égouts, des trottoirs et du pavage des rues.

Vue aérienne du quartier de la Baixa

LA BAIXA, QUARTIER DU COMMERCE

L'esprit de Pombal s'illustre dans **l'organisation de la ville basse** (la Baixa, voir p. 24). Celle-ci est réservée au commerce et à l'artisanat, et les échoppes sont regroupées par corporations. En effet, c'est **l'émergence d'une classe de marchands** et de banquiers qui est à la base du développement du pays ; c'est elle, en tout cas, qui soutient sa politique et finance ses travaux !

DES AZULEJOS INDUSTRIELS

Il faut à la fois **faire vite** et lancer une esthétique nouvelle. Les techniques de décoration utilisées jusqu'alors pour les carreaux de faïence sont à la fois trop artisanales et trop baroques pour répondre à ces deux objectifs. En 1767, la création de la **Fabrique royale de faïence du Rato** permet de produire à grande échelle des carreaux aux motifs simplifiés (guirlandes, coquillages...).

On travaille selon un patron répétitif (le poncif) utilisé dans les couloirs, les escaliers et les cuisines. La polychromie est de retour et le manganèse donne une dominante violacée typique des carreaux de cette période (voir p. 62-63).

La *calçada portuguesa* : un héritage pombalin

Le pavage des rues *(calçada portuguesa)*, instauré par Pombal, consiste à assembler sans enduit de petites pierres de récupération en calcaire et en basalte en formant des dessins noir et blanc. À la fin du XIXe s., la mode s'impose vraiment et on l'adopte pour les grandes avenues, la totalité du Rossio et du Chiado. Les motifs sont inspirés de l'histoire des découvertes (caravelles et nefs) et du commerce (poissons, fruits...). Il suffit de baisser les yeux en marchant pour admirer ces véritables œuvres d'art qui brillent au soleil. Avec un peu de chance, le soir, dans quelque ruelle de la Baixa, vous verrez même à l'œuvre les derniers de ces artistes. Hélas, le nombre des paveurs diminue dangereusement : ils ne sont plus qu'une vingtaine à Lisbonne.

2 Le Rossio

Restos & bistrots p. 116 | Bars, clubs & sorties p. 144 | Boutiques p. 168

Ne vous fiez pas à son célèbre pavage pombalin « grande mer » hérité du XIXe siècle… Lieu de fêtes populaires, la place du Rossio est au cœur de la vie de la capitale depuis le Moyen Âge ! Touristes et Lisboètes s'y croisent et s'y arrêtent pour ses cafés, ses pâtisseries légendaires et ses vieux bars. À deux pas, la praça da Figueira, avec ses façades décrépies et sa tribu de skateurs, est tout aussi animée.

❶ PRAÇA DOM PEDRO IV OU ROSSIO★★

La **place du Rossio** a troqué son nom médiéval pour celui du premier roi du Brésil, Pedro IV, perché sur sa colonne depuis le XIXe s. Courses de taureaux et autodafés s'y déroulaient jadis : le palais de l'Inquisition s'élevait

Praça Dom Pedro IV, dite le Rossio

au nord, à l'emplacement du **Teatro Nacional Dona Maria II.** Aujourd'hui, les terrasses du **Café Nicola** et de la **Pastelaria Suiça** se disputent la faveur des touristes, et la charmante **Tabacaria Monaco** attire les curieux avec ses boiseries Art déco (nº 21, ☎ 213 468 191, lun.-ven. 9h-19h, sam. 9h-13h).

❷ IGREJA DE SÃO DOMINGOS*

Cette église majestueuse et magnifiquement désolée a de bien curieuses vibrations... Est-ce parce que l'Inquisition y a été très active, que mariages royaux et couronnements y ont été célébrés, ou plutôt parce que sa nef a entièrement brûlé en 1959 ? Piliers râpés, chapiteaux rayés, traces de feu, travaux inachevés, tout ce camaïeu de gris est surmonté d'une voûte en berceau de béton rose.

Largo de São Domingos • ☎ 213 428 275 • T.l.j. 7h30-19h • Accès libre.

❸ CASA DO ALENTEJO*

Petit coin d'Alentejo (la région au sud-est du Tage) à Lisbonne, ce palais de la fin du XVIIe s. est le lieu de rendez-vous de tous les Alentéjans qui ont le mal du pays. Son superbe **patio** mauresque accueille des expos d'art ou

Patio de la Casa do Alentejo

d'artisanat. Si vous aimez les lieux insolites, vous ne serez pas déçu par la grande **salle de bal** à l'étage, avec sa scène de théâtre au charme suranné. Grands miroirs, lustres, moulures, murs décrépis, l'ambiance y est particulière… Cependant, évitez le restaurant.

Rua das Portas de Santo Antão, 58 • ☎ 213 405 140 • www.casadoalentejo.com.pt • T.l.j. 10h-23h • Entrée libre.

❹ RUA DAS PORTAS DE SANTO ANTÃO*

Entre le Teatro Nacional Dona Maria II (1846) et le Palácio da Independência, cette rue piétonne déroule son tapis de restaurants, de commerces et de salles de spectacle, dont le prestigieux **Coliseu dos Recreios** au n° 96, un cirque devenu théâtre (voir p. 144).

❺ PRAÇA DOS RESTAURADORES*

Au centre de cette grande place un peu austère, un **obélisque** rend hommage aux Restaurateurs de l'indépendance du Portugal qui se soulevèrent contre l'Espagne en 1640. À l'ouest, le **Palácio Foz** et sa façade rose, construit au XVIIIe s. par Francesco Saverio Fabri, abrite l'office de tourisme. À sa gauche, l'ancien **Teatro Eden** Art déco (1937) est occupé par l'Aparthotel VIP Eden.

❻ AVENIDA DA LIBERDADE**

Ici, Lisbonne rêve de Paris avec ses platanes, ses fontaines, ses magasins chic et ses marques de luxe. Ne manquez pas le vaisseau amiral de la marque de chaussures portugaises **Fly London** (voir p. 188). Cette belle et longue avenue se termine au nord par la **praça Pombal**, où trône une statue du grand homme. En chemin, plusieurs petits kiosques avec terrasse invitent à une pause glace, smoothie ou pâtisserie.

Portails de la gare centrale du Rossio

7 ESTAÇÃO CENTRAL DO ROSSIO*

Malgré le style manuélin de sa magnifique façade blanche entièrement sculptée, la gare centrale date de 1887... une époque où l'on affectionnait les pastiches néomanuélins, imitations parfaites de l'original.

Praça Dom João da Câmara.

8 Pause pâtisserie : Confeitaria Nacional

La plus vieille pâtisserie de Lisbonne dégage un délicieux parfum de vanille, celui des *bolos* et *pastéis de nata* (1,10-1,30 €) qui depuis 1829 sortent du four tout chauds et croustillants. Des plats du jour sont proposés le midi (6,90 € au comptoir, 8,90 € à table). Self-service à l'étage.

Praça da Figueira, 18 B/C • ☎ 213 424 470 • www.confeitarianacional.com • Lun.-jeu. 8h-20h, ven.-sam. 8h-21h, dim. 9h-20h.

3 Le Chiado, autour de L'IGREJA DO CARMO

Restos & bistrots p. 118 | Bars, clubs & sorties p. 144 | Boutiques p. 170

Reconstruit après la catastrophe de 1755, le Chiado était devenu le rendez-vous de la bohème artistique et des élégantes en quête de la dernière mode. Ravagé par un incendie en 1988, ce quartier chic et intello a retrouvé son élégance grâce à une restauration soignée. Il flotte toujours un parfum de Belle Époque dans ses ruelles pavées où vieilles enseignes, cafés et barbiers résistent à l'invasion des boutiques branchées.

❶ RUA DO CARMO★

Le trait d'union entre la Baixa et le Chiado est bordé de librairies, de boutiques de mode et de jolies devantures 1900 comme la **Joalharia do Carmo** (n° 87B) et **Au Bonheur des Dames.** Les complaintes d'une *fadista* vous guideront chez **Carrinha do Fado,** un disquaire (lun.-sam. 9h-19h) logé dans une voiture rétro près de l'Elevador de Santa Justa. Inspiré de la Samaritaine à Paris, le grand magasin **Grandella** (enseigne H&M), d'où partit l'incendie de 1988, précède le centre commercial **Armazéns do Chiado.**

❷ IGREJA DO CARMO E MUSEU ARQUEOLÓGICO**

Sévèrement touchée lors du séisme de 1755, cette église a été en partie restaurée (le portail et les murs extérieurs datent du XIVe s.) et elle abrite un **musée archéologique.** La visite est pour le moins originale puisque les travées des trois nefs sont à ciel ouvert ! À voir, dans l'abside, les panneaux d'azulejos du XVIIIe s. évoquant la Passion, les céramiques et les momies précolombiennes, les ornements des tombeaux royaux ou le plafond en brique (XVIIIe s.).

Largo do Carmo • ☎ 213 478 629 • Lun.-sam. 10h-18h (19h juin-sept.) • Entrée : 3,50 €.

❸ MUSEU DA GUARDA NACIONAL REPUBLICANA**

Ce petit musée moderne retrace l'histoire de la **garde nationale républicaine** dans l'ancien couvent des Carmes (fin XIVe s.). C'est ici que le régime

Les nefs à ciel ouvert de l'Igreja do Carmo

de Marcelo Caetano fut renversé par la révolution des Œillets.
Largo do Carmo • ☎ 213 217 222 • www.gnr.pt • Lun.-sam. 10h-18h • Entrée libre.

❹ CASA DO FERREIRA DAS TABULETAS**

Au XIXe s., l'azulejo (voir p. 62-63) était utilisé pour décorer les façades des magasins, des marchés, des gares et des maisons individuelles. Celle-ci a été réalisée par Luís Ferreira das Tabuletas, l'artiste le plus renommé de son temps. Les figures en trompe-l'œil sur fond jaune évoquent les quatre éléments et les quatre saisons.
Largo Rafael Bordalo Pinheiro.

❺ RUA GARRETT**

La très chic rua Garrett a conservé quelques-uns des plus anciens magasins de Lisbonne ainsi que leurs somptueux décors d'époque. Parmi eux, ne manquez pas le décor de style Louis XV de l'ancienne bijouterie **Ourivesaria Aliança** (magasin Tous au nº 50), l'intérieur Art déco de la **Casa Havaneza** (voir p. 175), les boiseries de **Paris em Lisboa** (voir p. 173) et l'ascenseur Art nouveau de l'ancien grand magasin Ramiro Leão, aujourd'hui **Benetton** (nº 83). Aux nos 73-75, la **Livraria Bertrand,** fondée par deux Français en 1732, est la plus vieille librairie du monde !

La façade d'azulejos de la Casa do Ferreira das Tabuletas

6 Pause végétarienne chez Organi Chiado

Ce joli restaurant végétarien présente une carte réduite de plats maison, garantie de fraîcheur. Produits du marché et jus de fruits du jour sont la règle. La carte affiche toujours une assiette de poisson ou de fruits de mer pour que chacun y trouve son compte. À l'écart des rues passantes, avec une petite terrasse située entre deux volées de marches, c'est un endroit tranquille où il fait bon prendre le temps.

Calçada Nova de São Francisco, 2 • ☎ 216 065 121 • www.organi.pt • Lun. 9h-22h, mar.-mer. 12h-22h, jeu.-sam. 12h-23h45 • Plats : 8,90-12 €.

7 MUSEU NACIONAL DE ARTE CONTEMPORÂNEA DO CHIADO (MNAC)★★

Du romantique Francisco Metrass (XIXe s.) à la nouvelle figuration de Paula Rego et Lourdes Castro, le **musée national d'Art contemporain** livre une belle rétrospective de l'art portugais de 1850 à 1975. L'ancien monastère, revisité par Jean-Michel Wilmotte, expose aussi des sculptures (Rodin, Bourdelle...) et abrite des expositions d'art contemporain. Petit café dans la cour.

Rua Serpa Pinto, 4 • ☎ 213 432 148 • www.museuartecontemporanea.pt • Mar.-dim. 10h-18h ; f. 1er janv., dim. de Pâques, 1er mai, 13 juin, 24 et 25 déc. • Entrée : 4,50 €.

Museu Nacional de Arte Contemporânea do Chiado

4 Bairro Alto et L'IGREJA DE SÃO ROQUE

Restos & bistrots p. 122 | Bars, clubs & sorties p. 146 | Boutiques p. 176

Fief des artistes et de l'avant-garde intellectuelle dans les années 1980, la « ville haute » a des airs de village paisible, avec ses maisonnettes colorées perchées sur la colline São Roque. Vers midi, boutiques de créateurs et de mode vintage s'éveillent rua do Norte et rua da Rosa. La nuit, les ruelles piquetées de bars minuscules et de restaurants à la mode attirent des hordes de fêtards jusqu'au petit matin.

❶ PRAÇA LUÍS DE CAMÕES*

On passe et repasse sur cette place prise dans le flot des tramways et d'une circulation dense. Au centre s'élève la statue de Luís de Camões (1524 ou 1525-1580), le célèbre auteur des *Lusiades*, l'épopée nationale du Portugal. Retournez-vous pour profiter du bel angle de vue sur les profils des églises **do Loreto** et **da Encarnação,** à l'est.

❷ Pause gourmande chez Manteigaria

Plus besoin d'aller à Belém pour découvrir les secrets de fabrication des *pastéis de nata* ! Dans cette ancienne laiterie, une vitrine permet d'observer les pâtissiers à l'œuvre. De quoi éveiller la gourmandise et succomber aux croustillants petits flans, debout au comptoir ou à emporter.

Praça Luís de Camões • ☎ 213 471 492 • T.l.j. 8h-minuit • Pastel de nata : 1 €.

❸ IGREJA E MUSEU DE SÃO ROQUE***

Ne vous fiez pas à sa façade sévère, car cette église est sans aucun doute l'une des plus belles de la ville. L'opulent décor (XVIe-XVIIIe s.) de l'église Saint-Roch, fondée par les jésuites au XVIe s., est riche de sculptures, de mobilier en bois précieux du Brésil et de peintures de l'école de Zurbarán et de Vieira de Lusitano. Il faut croire que rien n'était assez luxueux pour l'extravagant roi João V, qui commanda en 1740 la précieuse **capela São João Batista,** œuvre d'art unique au monde. Le musée dévoile aussi, dans ses dépendances, une collection d'**art sacré** : peintures de la vie de saint Roch, reliquaires, robes liturgiques et éléments décoratifs de la capela São João Batista.

La nef et les chapelles latérales

Le plafond de l'église (1588) représente des scènes apocalyptiques en trompe-l'œil. Attribué à Francisco Venegas, peintre de la cour de Philippe II, c'est le seul plafond peint de l'époque maniériste qui a survécu à Lisbonne. Les huit chapelles autour de la nef reflètent le programme religieux de la Compagnie de Jésus. Celle dédiée à saint Roch, sur la droite, est décorée de magnifiques azulejos du XVIe s.

La capela São João Batista

Miraculeusement épargnée par le séisme, la chapelle Saint-Jean-Baptiste (4e chapelle à g.), conçue par les architectes italiens Luigi Vanvitelli et Nicola Salvi, fut construite à Rome entre 1742 et 1750. Après l'acheminement à Lisbonne, par bateau, des éléments de la chapelle, il fallut

Peinture murale de la Galeria de Arte urbana

une année entière pour les assembler. Plafond en trompe-l'œil, peintures, azulejos et étranges reliquaires en font un pur chef-d'œuvre du baroque italien. Mêlant les styles néoclassique et rocaille, la chapelle est d'un faste inégalable, tout enjolivée d'or, de bronze et de matériaux précieux : angelots en marbre de Carrare, colonnes en lapis-lazuli, incrustations d'ivoire et d'améthyste, mosaïques...

Les autels des reliques

Les deux autels autour de la chapelle principale accueillent la collection de reliques la plus remarquable après celle de l'Escurial, en Espagne. Celles-ci furent offertes à l'église en 1587 par l'ambassadeur de Philippe II à la cour impériale. Bras, bustes ou encore coffrets, les précieux reliquaires sont faits de bois rares, d'or et de cristal.

La sacristie

Les panneaux peints qui recouvrent les murs de la sacristie racontent des épisodes de la vie de saint François-Xavier, de la passion du Christ et de la vie de saint Ignace de Loyola (1491-1556). Le superbe meuble en jacaranda incrusté d'ivoire date du XVIIe s.

Largo Trindade Coelho. Église : ☎ 213 235 000 • Lun. 14h-19h, mar.-mer. et ven.-dim. 9h-19h, jeu. 9h-20h (18h oct.-mars) • Entrée libre. Musée : ☎ 213 235 444 • www.museudesaoroque.com • Mêmes horaires que l'église ; f. 1er janv., dim. de Pâques, 1er mai et 25 déc. • Entrée : 2,50 € ; gratuite dim. 10h-14h • Visites guidées gratuites (appeler avant pour vérifier les horaires en français).

4 GALERIA DE ARTE URBANA*

En 2012, la mairie de Lisbonne décidait d'ouvrir son premier musée de street art à ciel ouvert. C'est ainsi qu'elle installa, dans cette rue en pente desservie par l'ascensor da Glória, plusieurs panneaux destinés à recevoir les œuvres de graffeurs emblématiques de Lisbonne. Inutile de préciser que les œuvres changent souvent, voire très souvent... Sur la gauche, à mi-chemin, une placette est couverte de panneaux, dont une

partie est réservée aux graffeurs moins expérimentés souhaitant se faire la main... Tenté ?
Calçada da Glória.

❺ MIRADOURO DE SÃO PEDRO DE ALCÂNTARA★★★

Ce belvédère offre l'un des plus beaux points de vue sur Lisbonne. Pour y grimper, utilisez l'ascensor da Glória (voir p. 195), qui relie l'avenida da Liberdade au Bairro Alto. En fin d'après-midi, la lumière dorée illumine les vieilles pierres du château et les tours de la cathédrale. Un ravissant jardin à la française se niche en contrebas. Le petit kiosque est pris d'assaut pour l'apéro !
Rua de São Pedro de Alcântara.

❻ CONVENTO DE SÃO PEDRO DE ALCÂNTARA★★

Construite en 1681, l'église de cet ancien couvent franciscain a été remaniée à la suite du tremblement de terre de 1755. Outre de magnifiques panneaux d'**azulejos** baroques relatant la vie de São Pedro de Alcântara et un **plafond peint** en trompe-l'œil par le Français Pierre Bordes (1878), elle abrite la somptueuse **capela dos Lencastres,** tout en marqueterie de marbre.
Rua de São Pedro de Alcântara, 85 • ☎ 213 235 233 • Lun. 14h-19h, mar.-dim. 10h-19h (20h jeu.) • Visite guidée en français : ven. 11h30 (2,50 €) • Entrée libre.

Mosaïque de la Capela dos Lencastres

❼ RUA DOM PEDRO V★★

L'avant-garde du stylisme lisboète s'affiche dans ce petit bout de rue et cohabite avec de vénérables antiquaires qui empilent depuis des lustres les trésors du passé portugais.

❽ CONVENTO DOS CARDAES★★

Les sœurs dominicaines ont ouvert au public une partie du couvent, à l'origine propriété des carmélites. Dans l'**église** du XVIIe s., les murs d'azulejos illustrent la vie de sainte Thérèse d'Ávila. Admirez l'autel, les têtes d'angelots sculptées, et la marqueterie de marbre au sol, typiquement baroque. En vente à la **boutique,** confiture de tomates ou gelée de piment fabriquées par les sœurs.
Rua do Século, 123 • ☎ 213 427 525 • Lun.-sam. 14h30-17h30 (f. août) • Entrée : 5 €.

5 Cais do Sodré ET BICA

Restos & bistrots p. 124 | Bars, clubs & sorties p. 149 | Boutiques p. 178

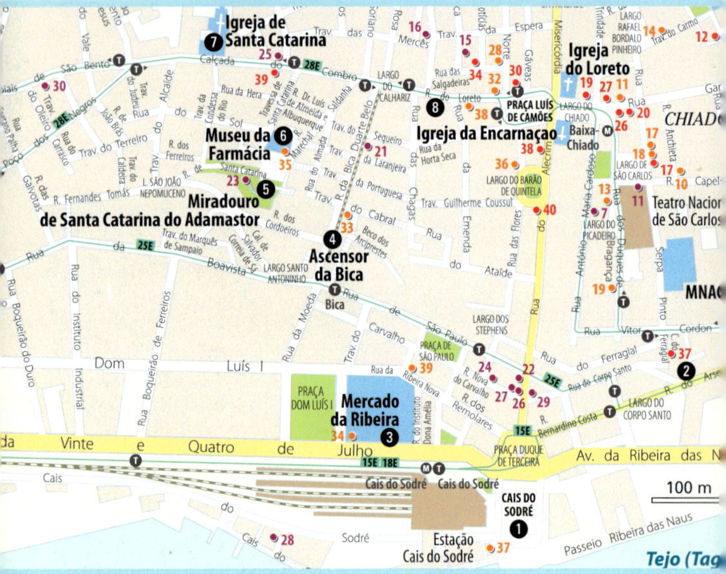

Le Cais (quai) do Sodré (prononcez « caïch dou sodré ») est le quartier mythique du vieux port de Lisbonne, celui des caravelles en partance pour des contrées inconnues. En retrait du Tage, les ruelles au passé sulfureux, hantées par le souvenir des marins et des femmes de petite vertu, sont désormais le nid de la *movida* lisboète. Plus haut, c'est Bica, vieux quartier de pêcheurs, peu exploré mais attachant.

❶ CAIS DO SODRÉ*

Conservant son rôle de zone de transit, le Cais do Sodré a troqué ses caravelles contre une armada de tramways, trains et ferrys chargés de banlieusards. On s'échappe facilement de l'agitation qui règne autour de la gare en flânant sur le **passeio Ribeira das Naus,** promenade aménagée le long du Tage avec sa plage de pierre propice aux bains de soleil. Les plus aventuriers s'enticheront du parfum décadent de la vieille cité portuaire le long de la **rua Nova do Carvalho,** où maisons closes et échoppes décaties se sont transformées en lieux créatifs, bars bohèmes et clubs branchés. L'un des lieux prisés des nuits lisboètes !

❷ LOJA DAS CONSERVAS**

Des piles et des piles de boîtes de sardines ! La boutique officielle de l'association nationale des conserveries de poisson propose les produits d'une vingtaine de producteurs. Outre les *sardinhas*, on trouve du maquereau et des anguilles à toutes les sauces ainsi que des pâtés de poisson aux emballages rétro (2,50-3,20 €).

❸ Pause *fooding* au Mercado da Ribeira

Sous les grandes halles métalliques des années 1930, le vieux marché populaire de Ribeira voisine désormais avec le nouveau temple du *fooding* lisboète. Dans ce gigantesque *food hall* mijote le meilleur de la cuisine locale autour de grandes tables communes : cuisine de chef, *petiscos*, burgers gastronomiques, charcuterie portugaise, conserves de sardines, glaces... à piocher selon l'envie et à déguster sur place aux grandes tables ! Une pause chaleureuse...

Av. 24 de Julho • ☎ 213 462 966• *Food hall :* dim.-mer. 10h-minuit, jeu.-sam. 10h-2h ; plat : env. 13 € • Marché alimentaire : lun.-sam. 6h-14h.

Rua do Arsenal, 130 • ☎ 911 181 210 • T.l.j. 10h-21h (20h en hiver), dim. 12h-20h • Deuxième boutique : praça das Flores, 62 (plan C3).

❹ ASCENSOR DA BICA**

Impossible de ne pas faire une halte devant l'icône du quartier. Le dernier-né des funiculaires lisboètes affronte la rue la plus pentue de la ville depuis 1892 et permet de relier le Cais do Sodré au Bairro Alto sur fond de maisons pastel et de vues sur le Tage. Il faudra en revanche user vos semelles pour arpenter de nuit la rua da Bica de Duarte Belo et son enfilade de bars, bien dissimulés en journée...

Rua da Bica de Duarte Belo • Montée : rua de São Paulo • Descente : largo de Calhariz • Lun.-sam. 7h-21h, dim. 9h-21h • Billet : 3,60 € A/R.

Ascensor da Bica

❺ MIRADOURO DE SANTA CATARINA DO ADAMASTOR**

Du belvédère de Santa Catarina, on contemple les bateaux glissant sur la mer de Paille (nom donné à l'estuaire du Tage en raison des reflets mordorés du soleil sur ses eaux), le Cristo Rei et le pont du 25-Avril en toile de fond. Étudiants, musiciens et artistes fauchés squattent les pelouses autour de la **statue d'Adamastor,** un monstre mythologique tiré des *Lusiades* de Camões. Très agréable en journée, il n'est pas recommandé à la nuit tombée.

❻ MUSEU DA FARMÁCIA*

Vases égyptiens, fioles mésopotamiennes, pharmacie portative de 1840... Sont présentés ici 5 000 ans d'un vaste univers pharmacologique qui intéressera les connaisseurs, mais également les enfants, car la reconstitution d'officines portugaises est plutôt réussie. Si après cela vous étiez atteint d'hypocondrie, faites-vous prescrire un régime de *petiscos* au restaurant **Pharmacia** (voir p. 125).

Rua Marechal Saldanha, 1 • ☎ 213 400 680 • Lun.-ven. 10h-18h, sam. 14h-18h • Entrée : 5 €.

Orgue de l'Igreja de Santa Catarina

7 IGREJA DE SANTA CATARINA★★

L'église date de 1647, mais son décor est de 1727 : plafond rococo orné de dentelles de stuc, orgue monumental en bois finement sculpté, retables tout en dorures et panneaux peints par les meilleurs artistes de l'époque (Vieira Lusitano, André Gonçalves) composent un magnifique ensemble, typique du baroque portugais.

Calçada do Combro, 82 • ☎ 210 312 700 • T.l.j. 9h-12h et 16h-19h.

8 CAZA DAS VELLAS LORETO★★★

Fondée le 14 juillet 1789 (!) par les Sá Pereira, la **fabrique de bougies** Loreto est toujours dans la famille, qui travaille selon des secrets bien gardés. Moules et bougies sont faits à la main... Dans cette splendide boutique tout en bois, on craque pour les bougies brodées, une spécialité, pour les bougies flottantes et pour celles parfumées au miel (à partir de 2,50 €).

Rua do Loreto, 53-55 • ☎ 213 425 387 • www.cazavellasloreto.com.pt • Lun.-ven. 9h-19h, sam. 9h-13h, f. j.f.

Casa das Vellas Loreto

6 L'Alfama et le CASTELO DE SÃO JORGE

Restos & bistrots p. 126 | Bars, clubs & sorties p. 153 | Boutiques p. 180

Berceau de l'Olisipo romaine, l'Alfama est le plus vieux quartier de Lisbonne. Seul rescapé du séisme, il a conservé de son passé arabe et juif le tracé labyrinthique des médinas. Au hasard des escaliers et des ruelles, où de vieilles dames en noir papotent et où le linge sèche aux fenêtres, ce *bairro* populaire de pêcheurs et d'artisans préserve jalousement l'âme de la capitale. Il fait bon s'y perdre : en journée pour ses scènes de la vie quotidienne ou bien pour la créativité du street art local ; en soirée pour les mélodies poignantes du fado et les sardines grillées à déguster en terrasse.

❶ IGREJA NOSSA SENHORA DA CONCEIÇÃO VELHA★

Du XVIe s., seuls la façade et le portail de l'église **Notre-Dame-de-la-Vieille-Conception** ont survécu au tremblement de terre de 1755. Prenez le recul nécessaire pour admirer les sculptures dans le plus pur style manuélin et cherchez la Vierge qui protège Manuel Ier sous son grand manteau.

Rua da Alfândega, 112-114
• ☎ 218 870 202 • T.l.j. 9h-18h
• Entrée libre.

❷ CONSERVEIRA DE LISBOA★★★

Fréquentée par les Lisboètes de génération en génération, cette échoppe spécialisée dans les conserves est tenue par la même famille depuis les années 1930. Derrière le vieux comptoir en bois s'empilent les boîtes de conserve de thon des Açores, de sardines, de morue, de maquereau ou de poulpe (1,50-7 €), emballées dans du papier rétro. On y trouve aussi le caviar portugais : des œufs de sardines !

Conserveira de Lisboa

Rua dos Bacalhoeiros, 34
• ☎ 218 864 009
• www.conserveiradelisboa.pt
• Lun.-sam. 9h-19h.
Deuxième boutique : Mercado da Ribeira (voir p. 43), av. 24 de Julho
• T.l.j. 10h-23h.

❸ CASA DOS BICOS - FUNDAÇÃO JOSÉ SARAMAGO★

L'Alfama était jadis un quartier noble, comme en témoigne cette riche demeure bâtie vers 1523 par le fils du vice-roi des Indes. Elle évoque un palais vénitien avec son étrange façade de pierres taillées en pointes de diamant (plus de 1000 !). Augmentée d'un étage, la « maison des pointes » abrite la fondation José Saramago (expo permanente dédiée au célèbre auteur portugais, prix Nobel de littérature en 1998) et des vestiges archéologiques de l'Olisipo romaine.

Rua dos Bacalhoeiros, 10
• ☎ 218 802 040
• www.josesaramago.org
• Lun.-sam. 10h-18h • Entrée : 3 €.

❹ Pause gastronomique chez Cais na Preguiça

Un régal que ce menu du midi (entrée et plat) sophistiqué et créatif à déguster en terrasse ou dans le cadre épuré intérieur. Pour moins de 10 €, Cais na Preguiça vous concocte une entrée et un plat selon le marché du jour. De la cuisine typiquement portugaise (soupe de moules, agneau farci...), soignée et relevée, accompagnée d'un verre de vin. Si les portions paraissent chiches, c'est pour mieux se laisser tenter par leurs excellents desserts (3 €).

Rua dos Bacalhoeiros 4C • ☎ 211 348 408 • Facebook : Cais na Preguiça • Mar.-sam. 10h-23h.

❺ EN TRAMWAY DANS L'ALFAMA***

Le pittoresque **tram 28E** est un excellent moyen de capter l'âme de l'Alfama. Accoudé à la fenêtre d'une cabine brinquebalante, admirez le défilé de façades en encorbellement, de balcons en fer forgé ou sculptés, sur lesquels virevoltent des draps étendus, mais aussi les petites échoppes insolites frôlées par le tram et, surtout, le Tage scintillant qui apparaît entre deux immeubles... En soirée, empruntez le même chemin pour découvrir l'autre facette de l'Alfama, dans une atmosphère

Tram 28E au pied de la cathédrale

digne du Moyen-Orient : effervescence dans les rues, musique s'échappant des bars... L'esprit du quartier se dévoile vraiment lorsque la nuit se laisse envelopper dans des airs de fado.
Tram 28E • Montée : Sé • Descente : São Tomé.

❻ IGREJA E MUSEU SANTO ANTÓNIO*

Cette église a été édifiée à l'emplacement supposé de la maison natale de saint Antoine de Padoue. Elle renferme la statue portée en procession dans les rues de l'Alfama lors de sa fête (voir p. 18) et un musée sur la vie du saint.
Largo de Santo António da Sé • ☎ 218 860 447 • **Église** : t.l.j. 8h-19h30 • **Musée** : mar.-dim. 10h-13h et 14h-18h • Entrée libre.

❼ CATEDRAL SÉ PATRIARCAL**

La Sé, abréviation de *Sedes episcopales*, abrite le siège de l'évêché. Peu après la conquête de Lisbonne, le roi dom Afonso Henriques (1128-1185), fondateur de l'État portugais, ordonna l'édification d'une église chrétienne à l'emplacement de l'ancienne mosquée. Bien qu'elle ait subi, depuis, beaucoup de modifications, elle a conservé ses tours romanes du XIIe s. L'intérieur est austère, presque vide, mis à part le tombeau de saint Vincent, patron de la ville, et les fonts baptismaux où saint Antoine de Padoue aurait été baptisé.
Largo de Santo António da Sé • ☎ 218 876 628 • **Église** : mar.-sam. 9h-19h, dim.-lun. 9h-17h (entrée libre) • **Trésor** : lun.-sam. 10h-17h ; f. j.f. • **Cloître** : mai-sept. lun. 10h-17h, mar.-sam. 10h-18h30 ; oct.-avr. lun.-sam. 10h-17h • Entrée : trésor ou cloître 2,50 € ; billet combiné 4 €.

❽ MIRADOURO DE SANTA LUZIA***

À côté de l'**Igreja de Santa Luzia** s'étend un charmant jardin. Sous ses arcades, les joueurs de

Petit lexique du promeneur de l'Alfama

Les noms des rues sont déjà une invitation à la promenade... Pour vous y retrouver :

Beco : littéralement le « bec », ruelle tortueuse et étroite qui peut se transformer en impasse.

Calçada* ou *calçadinha : chaussée, par extension petite montée... souvent assez raide.

Travessa : rue transversale, souvent à emprunter à pied.

Escadinhas : petits escaliers (*escadas* pour « escaliers ») : prenez votre souffle avant de vous y engager.

Pátio : cour généralement au bout d'une voie sans issue.

Salon de musique, Museu de Artes Decorativas

⑩ Pause au soleil au Quiosque Portas do Sol

Après la grimpette, ressourcez-vous à la buvette du **Miradouro das Portas do Sol**, tout près de la statue de saint Vincent, le saint patron de Lisbonne. De la terrasse, panorama sublime sur les quartiers de São Vicente et de l'Alfama. La façade blanche du monastère Saint-Vincent et le dôme du Panthéon national surgissent d'un chaos de toits rouges dégringolant jusqu'au Tage.

Largo das Portas do Sol • T.l.j. de 10h au crépuscule (vers 22h en été).

cartes du quartier disputent des parties acharnées, indifférents aux touristes ! Du belvédère, vous aurez une vue splendide sur les toits de l'Alfama, les clochers blancs de l'Igreja de São Miguel et la mer de Paille.

⑨ MUSEU DE ARTES DECORATIVAS★★★

Le **musée des arts décoratifs** est installé dans l'ancien palais des vicomtes d'Azurara, racheté en 1947 par Ricardo do Espírito Santo Silva. Banquier et mécène portugais, il restaura l'édifice dans le style d'une demeure aristocratique et le décora de ses collections privées. Vous visiterez donc un palais typique du XVIIIe s., avec ses lambris d'azulejos et ses plafonds en bois peint, décoré de superbes meubles indo-portugais, de tapis d'Arraiolos des XVIIe et XVIIIe s. et de porcelaines de Chine. Il s'agit aussi d'un musée-école destiné à préserver les arts décoratifs et leurs techniques traditionnelles. Vous pouvez même participer à l'un des ateliers de la fondation, notamment celui de reliure. Patio agréable pour déjeuner.

Largo das Portas do Sol, 2 • ☎ 218 814 600 • www.fress.pt
Musée : mer.-lun. 10h-17h ; f. 1er janv., 1er mai et 25 déc. • Entrée : 4 €.
Atelier : lun.-ven. 9h30-17h ; billet : 30-50 €/pers (sur résa).

⓫ SANTA CRUZ**

Aux portes du Castelo de São Jorge, le petit quartier de Santa Cruz dessine un charmant lacis de ruelles étroites et pavées, bordées de maisons typiques aux balcons en fer forgé.
Les icônes religieuses, les perruches en cage, les décorations kitsch, les fleurs et les plantes grimpantes dissimulent habilement les murs délabrés.
Une promenade savoureuse.

Ruelle décorée de Santa Cruz

⓬ CASTELO DE SÃO JORGE***

Il reste aujourd'hui peu de vestiges originaux du **château Saint-Georges.** Envahie de pins parasols et de jacarandas, la citadelle médiévale dégage une certaine magie. Détruits en grande partie par le séisme de 1755, les remparts crénelés sont un pastiche médiéval du XXe s., du haut desquels on profite des plus beaux panoramas sur la ville. Le site accueille une boutique de souvenirs, un café et le restaurant haut de gamme **Casa do Leão** (t.l.j. 12h30-15h30 et 19h30-22h30).

Histoire

Phéniciens, Carthaginois et Romains occupèrent tour à tour ce site stratégique, puis Wisigoths et Maures y établirent leur forteresse. Conquis en 1147 par dom Afonso Henriques, le château connut son âge d'or du XIIIe au XVIe s. comme résidence royale. Après le transfert de la Cour sur les rives du Tage sous Manuel Ier au XVIe s., le château tomba dans l'oubli, puis servit de quartier militaire et de prison. Salazar le fit rénover en 1938.

Jardin des ruines, Castelo de São Jorge

Le jardin des ruines

L'entrée du site s'ouvre sur une esplanade où trône une statue de dom Afonso Henriques, premier roi du Portugal. Les jardins (1942) sont parsemés de vieilles pierres romantiques à souhait. Aujourd'hui, on s'y retrouve pour jouer aux cartes.

Le palais royal

Du Paço Real da Alcáçova, où résidaient les souverains portugais, il ne reste plus qu'une belle salle avec des arcs gothiques. Un film sur l'histoire de Lisbonne y est projeté. Les salles attenantes abritent un petit **musée archéologique,** et des **expositions temporaires** ont lieu dans les anciennes prisons.

Le *castelo* et le chemin de ronde

Le château se résume aujourd'hui à d'épaisses murailles crénelées flanquées de tours de guet.
La balade sur le chemin de ronde ménage différents points de vue sur le Tage, la cathédrale et le pont du 25-Avril (soyez prudent, surtout avec des enfants).
Au nord-est, près des fouilles archéologiques, la **porte de Martim Moniz** rappelle le dévouement du vaillant chevalier qui empêcha les Maures de refermer cette porte sur les soldats portugais.

Câmara Escura

La **Torre de Ulisses** (tour d'Ulysse) abritait jadis le trésor royal. Sa **chambre noire** (t.l.j. 10h-17h30) projette sur une toile l'image de la ville que l'on peut ainsi observer à 360°. Le procédé, inventé par Léonard de Vinci au XVIe s., est le seul système d'optique de ce genre au Portugal.

Rua de Santa Cruz do Castelo • ☎ 218 800 620 • www.castelodesaojorge.pt • Mars-oct. : t.l.j. 9h-21h ; nov.-fév. : t.l.j. 9h-18h ; f. 1er janv., 1er mai, 24, 25 et 31 déc. • Visite guidée gratuite en anglais, en espagnol et en portugais, selon l'affluence : t.l.j. 13h et 16h (confirmer par tél.) • Entrée : 8,50 €.

⓭ IGREJA DE SANTO ESTÊVÃO*

Le belvédère auquel on accède par les charmants ***escadinhas*** (escaliers) de Santo Estêvão ménage une jolie vue sur les toits de l'Alfama. Si, par chance, l'église est ouverte, allez jeter un œil au chœur et, dans la sacristie, à la belle statue de bois polychrome de Thérèse d'Ávila. Fondée au XIIe s., remaniée plusieurs fois, l'église présente un plan octogonal unique à Lisbonne.

Aux heures de culte : mer.-ven. à partir de 17h, dim. à partir de 9h30 • Entrée libre.

⓮ MUSEU DO FADO***

Installé dans une ancienne station de pompage des eaux du XIXe s., ce musée est le premier du pays entièrement consacré au fado (voir p. 162-163). Son histoire est illustrée par un parcours audiovisuel jalonné de photographies, d'œuvres d'art représentant les premières scènes de fado, de partitions, de films, de disques, d'instruments de musique et de costumes. Le musée abrite une école, un centre de documentation, une boutique ainsi qu'un auditorium où sont donnés des spectacles.

Edificio do Recinto da Praia, largo do Chafariz de Dentro, 1 • ☎ 218 823 470 • www.museudofado.pt • Mar.-dim. 10h-18h ; f. 1er janv., 1er mai et 25 déc. • Entrée : 5 € (audioguide inclus).

⓯ IGREJA E LARGO DE SÃO MIGUEL**

Avec ses deux clochers blancs qui se détachent dans le ciel, cette église dissimule un intérieur baroque tout en dorures, coiffé d'un magnifique plafond peint. Édifiée au XIIe s., puis reconstruite en 1674, elle n'a presque pas subi de dégâts lors du séisme. La place São Miguel devient un lieu enchanteur à la tombée de la nuit...

Aux heures de culte : mer.-ven. à partir de 17h, dim. à partir de 9h30 • Entrée libre.

⓰ CHAFARIZ DE EL-REI*

Cette fontaine (*chafariz*) du XIIIe s. reconstruite au XVIIIe s. pourrait bien être la première de la ville. C'est elle qui approvisionnait, au XVIe s., les navires en partance pour les Indes. Avec la **chafariz do Dentro** (XVIIe s.), au bout de la rua Terreiro do Trigo, il s'agit des deux seules fontaines de ce type encore visibles dans le quartier. Alfama provient du nom arabe *al-hama*, « fontaine chaude », car le quartier abritait des sources naturelles. Non loin, on accède à la **rua da Judiaria** (par l'arco do Rosário), dernier témoin de l'ancien quartier juif du XIVe s. Tous les soirs, la porte se refermait, isolant la Judiaria (le ghetto) des quartiers chrétiens. Ce système fut aboli par Manuel Ier en 1496.

Largo do Terreiro do Trigo.

7 Graça ET MOURARIA

Restos & bistrots p. 129 | Bars, clubs & sorties p. 155 | Boutiques p. 182

En pleine renaissance, le quartier maure du Moyen Âge, berceau du fado, incarne la Lisbonne cosmopolite. La colline de Graça accueille villas et cités ouvrières du XIXe s, tandis que les ruelles colorées de Mouraria serpentent à ses pieds. Cafés bohèmes et boutiques créatives s'y implantent à l'abri des touristes.

❶ IGREJA ET LARGO DE SÃO CRISTÓVÃO★★

Sur cette place, deux ambiances : d'un côté, l'église de São Cristóvão, bâtie au XIIIe s. (reconstruite au XVIe s.), dont les peintures sont sublimes. Les marins venaient y prier le saint patron des voyageurs avant d'embarquer pour le Nouveau Monde. De l'autre côté, l'ambiance de Mouraria (en bas de l'escalier) : d'abord, une fresque des grandes figures du fado ayant vécu dans le quartier (Maria Severa, Fernando Maurício, etc.), puis, sur les façades des immeubles, des portraits d'habitants réalisés par l'artiste anglaise Camilla Watson.

Église : largo de São Cristóvão • ☎ 910 009 896 • Lun.-sam. 10h-18h, dim. 10h-13h • Entrée libre.

❷ VILA SOUSA ET VILA BERTA★

Entre 1880 et 1900 apparurent les *vilas plurifamiliares de habitação econômica*, à l'initiative d'industriels, pour loger les ouvriers. Recouverte d'azulejos turquoise, la **vila Sousa** en est un bel exemple et préfigure en quelque sorte nos HLM. La **vila Berta,** elle, est une allée calme bordée de maisonnettes fleuries et de jardins privatifs.

Vila Sousa : largo da Graça, 82. Vila Berta : rua do Sol à Graça, 55-57 (allée privée).

❸ MIRADOURO DA GRAÇA★★★

Il faut grimper jusqu'à ce promontoire spectaculaire où s'élève l'église **Nossa Senhora da Graça** (XIIe et XVIIIe s). Après avoir profité du belvédère et de son café, empruntez le **caracol da Graça,** un escalier pittoresque en zigzag qui ramène dans le quartier de Mouraria.

Largo da Graça.

❹ MIRADOURO DA SENHORA DO MONTE★★★

Devant la **chapelle Senhora do Monte,** c'est le plus haut belvédère de Lisbonne – le plus secret aussi. À l'ombre des pins, le regard embrasse les quartiers nord de Lisbonne, la vieille ville, le Castelo et le Tage. Charmant au crépuscule.

Largo do Monte.

❺ FÁBRICA VIÚVA LAMEGO★★★

Réalisée par Ferreira das Tabuletas, la façade d'azulejos est l'un des plus beaux exemples de l'art de l'azulejo du XIXe s. Derrière la maison, l'ancien atelier abrite la boutique de souvenirs A Vida Portuguesa (voir p. 183).

Largo do Intendente Pina Manique, 25.

❻ Pause exotique au Mercado de Fusão

Symbole du renouveau du quartier, ce marché aligne une dizaine de kiosques pour goûter aux saveurs de l'Argentine, du Japon, du Bangladesh ou du Brésil. Un marché (alimentation, vêtements...) s'y tient chaque week-end (animations toute l'année).

Largo Martim Moniz • ☎ 927 943 671 • Facebook : Mercado Fusão Martim Moniz • Dim.-jeu. 11h-22h, ven.-sam. 11h-minuit.

Elétricos, *ascensores* et *miradouros*

Sept collines à grimper, autant à descendre ! Un conseil, prenez les *ascensores* (funiculaires) ou les *elétricos* (tramways) sans hésiter. À l'intérieur, vous dodelinerez en cadence... et une fois arrivé à bon port, tout en haut, quel enchantement depuis les célèbres *miradouros* (belvédères) de Lisbonne !

LES *ELÉTRICOS*

Le ballet incessant des vieux tramways jaunes qui gravissent les collines de Lisbonne fascine toujours autant. Indissociables de la ville blanche, ils sont devenus une attraction pour les touristes. À peine arrivé des usines de Philadelphie, le premier *elétrico* de Lisbonne fut inauguré le 31 août 1901 à 6h du matin. La « machine infernale » a vite été adoptée par les Lisboètes. Seulement cinq lignes sur les dix-sept autrefois en activité sont toujours en service (voir p. 195).

VOYAGES VINTAGE

Avec leur habitacle de bois et leurs petites banquettes en moleskine, certains n'ont guère changé, si ce n'est qu'ils sont de plus en plus recouverts de publicités. Plus qu'une balade qui livre des points de vue inattendus sur la ville, prendre les tramways de Lisbonne représente un authentique **voyage dans le temps**. Seule la ligne 15E dispose de tramways modernes, plus confortables mais moins charmants.

LE TRAM 28E, UNE LÉGENDE

Certains parcours sont spectaculaires, comme celui du mythique tram 28E qui se faufile à vive allure dans les ruelles et affronte des pentes très pentues ! Il parcourt **les plus beaux quartiers historiques** de Lisbonne : Graça, Alfama, Baixa, Chiado. C'est l'un des meilleurs moyens de découvrir la ville, sauf, bien sûr, aux heures de pointe (8h30-9h30 et 16h30-18h30). Observez le machiniste, les passagers et les gamins qui s'agrippent aux marchepieds : c'est un vrai spectacle ! Pour plus de confort, il existe un circuit commenté à bord d'un tramway touristique rouge (voir p. 199), mais c'est bien plus cher.

INDISPENSABLES *ASCENSORES*

Ascensor da Bica

Parcourir Lisbonne serait impossible sans ces **funiculaires à crémaillère** qui vous emmènent en un instant quelques mètres plus haut (voir p. 195). Jaunes comme les tramways, les vieux *ascensores* ont été mis en service à la fin du XIXe s. et sont classés Monuments historiques depuis 2002. Le plus pratique : l'**Ascensor da Glória** (D3) vous conduit de l'avenida da Liberdade au Bairro Alto, à deux pas du Miradouro de São Pedro de Alcântara. Le plus magique : l'**Ascensor do Lavra** (D3) part de la rua das Portas de São Antão puis monte pour arriver... pratiquement nulle part. Mais quel spectacle ! Le plus secret : l'**Ascensor da Bica** (D4), caché à l'ombre d'un porche de la rua da Boavista, conduit du Cais do Sodré au cœur du quartier de Santa Catarina... Autre curiosité : l'**Elevador de Santa Justa** (p. 27), qui relie la Baixa au Chiado. Inauguré en 1902, cet ascenseur vertical, unique à Lisbonne, est l'œuvre de l'architecte Raoul Mesnier de Ponsard, un disciple d'Eiffel. Cette carcasse de fer néogothique mène à une terrasse de café offrant une superbe vue sur la ville basse et le Castelo.

LISBONNE VUE DU CIEL

Lisbonne est la ville des ***miradouros !*** On regarde la ville à ses pieds, puis le fleuve un peu plus loin : on devine l'Océan et on imagine l'Amérique. Certains endroits s'y prêtent tout particulièrement, comme les **Miradouros de Graça**, de **Nossa Senhora do Monte**, de **Santa Luzia**, de **São Pedro de Alcântara**, du **Castelo**, de **Santa Catarina**, du **Museu de Arte Antiga**, sans parler de tous les points de vue que vous découvrirez vous-même au hasard d'un escalier, d'une petite église ou d'un porche.

La ville aux 7 collines...

« Sur 7 collines qui sont autant de points d'observation d'où l'on peut contempler de magnifiques panoramas, s'éparpille, vaste, irrégulière et multicolore, la masse de maisons qui constitue Lisbonne. Pour le voyageur qui arrive par la mer, Lisbonne, même de loin, s'élève comme une ravissante vision de rêve, et se découpe clairement contre le bleu vif du ciel que le soleil réchauffe de son or. Les dômes, les monuments, les vieux châteaux font saillie au-dessus du fouillis de maisons. »

Fernando Pessoa, *Lisbonne*.

8 São Vicente ET SANTA APOLÓNIA

Restos & bistrots p. 130 | Bars, clubs & sorties p. 157 | Boutiques p. 183

Réviser les *Fables* de La Fontaine dans un monastère, chiner ou rendre hommage à la grande *fadista* Amália… autant de raisons d'explorer ce quartier niché entre l'Alfama et Graça. En descendant vers le Tage, on retrouve la Lisbonne des docks autour de la gare Santa Apolónia, où les entrepôts du Cais da Pedra se sont métamorphosés en boutiques design et restaurants branchés où l'on s'attarde au bord de l'eau.

1 MOSTEIRO DE SÃO VICENTE DE FORA★★

Le premier monastère dédié à saint Vincent remonte au XIIe s., date à laquelle il accueillit le futur Antoine de Padoue (voir p. 49) pendant les premières années de son engagement spirituel. C'est sur ce site que l'actuel bâtiment a été édifié au XVIe s. Malgré les cloîtres successifs couverts d'azulejos bleu et blanc représentant les *Fables* de La Fontaine et la prise de Lisbonne aux Arabes, l'ambiance est assez austère.

Calçada de São Vicente • ☎ 218 810 500 • Mar.-dim. 10h-18h • Entrée : 4 €.

❷ CENTRO DAS ARTES CULINÁRIAS*

Sous la halle du marché Santa Clara, le **centre des Arts culinaires** veille à la conservation du patrimoine gastronomique portugais et fait la promotion des producteurs. Entre ateliers de cuisine et animations (expos, balades gourmandes...), vous pourrez remplir votre panier de nougat aux figues (1,20-4,50 €), d'olives, de miel et de vins de vieux cépages à prix raisonnables.

Campo de Santa Clara • ☎ 218 860 077 • www.centrodasartesculinarias.org • Mar.-dim. 10h-18h.

❸ IGREJA DE SANTA ENGRÁCIA - PANTEÃO NACIONAL*

Il aura fallu pas moins de trois siècles pour achever cette église massive et peu esthétique. D'où l'expression populaire « *obra de Santa Engrácia* » pour désigner les travaux qui traînent trop en longueur. L'intérieur de ce **Panthéon national** abrite les cénotaphes de grands hommes du pays dont Henri, dit « le Navigateur », Afonso de Albuquerque et Vasco da

Mosteiro de São Vicente de Fora

❹ Pause brunch chez DeliDelux

Cette épicerie tendance occupe un entrepôt rénové du Cais da Pedra, où les bateaux de croisière viennent jeter l'ancre. Ses rayons alignent conserves, alcools, chocolats et autres douceurs au conditionnement chic. Flanqué d'une terrasse, son café propose des plats renouvelés chaque jour en semaine. Brunch (env. 17 €) très couru le week-end !

Av. Infante D. Henrique, Armazém B, Loja 8 • ☎ 218 862 070 • www.delidelux.pt • Dim.-jeu. 10h-23h, ven.-sam. 10h-minuit.

Gama, mais également le tombeau de la *fadista* Amália Rodrigues (1920-1999), la première femme à y avoir été inhumée.

Campo de Santa Clara • ☎ 218 854 820 • www.panteaonacional.gov.pt • Avr.-sept. : mar.-dim. 10h-18h ; oct.-mars : mar.-dim. 10h-17h ; f. 1er janv., dim. de Pâques, 1er mai, 13 juin, 24 et 25 déc. • Entrée : 4 €.

❺ MUSEU DA ÁGUA★★

Avec la croissance de Lisbonne au XIXe s., l'aqueduc das Águas Livres (voir p. 81) ne suffisait plus pour distribuer l'eau. Une deuxième source fut captée en dehors de la ville et acheminée ici de 1880 à 1930. Le **musée de l'Eau** a conservé intacte sa station de pompage, avec ses quatre pompes en état de fonctionnement – la démonstration est un moment phare de la visite.

Rua do Alviela, 12 • ☎ 218 100 215 • Facebook : Museu da Água • Mar.-sam. 10h-12h30 et 13h30-17h30 ; f. j.f. • Entrée : 5 €.

❻ MUSEU NACIONAL DO AZULEJO★★★

Lorsque vous atteindrez l'**Igreja da Madre de Deus,** ne passez pas votre chemin, car ce couvent manuélin abrite le fameux **musée**

Igreja da Madre de Deus

de l'Azulejo. Vous y découvrirez ces magnifiques carreaux de faïence (voir p. 62-63), depuis leurs débuts mauresques au XVe s. jusqu'à nos jours. Fondé par la reine dona Leonor en 1509, ce couvent fut détruit par le tremblement de terre de 1755. Reconstruit au XVIIIe s. dans le style baroque, il ne reste que l'église pour témoigner de l'exubérance décorative de l'époque. Vous flânerez de cloître en cloître à la découverte des premiers carreaux d'inspiration mauresque jusqu'aux azulejos contemporains.

Le portail manuélin

Restauré par le sculpteur João Maria Nepomuceno en 1872, ce portail est encadré par deux piliers formés de colonnettes torses et chapeauté des emblèmes de dona Leonor et du roi João II.

L'église

Commencez la visite de l'église par le chœur. Jetez un coup d'œil à son plafond recouvert de peintures des XVIe et XVIIe s. Les bas-côtés exposent des carreaux sévillans du XVIe s. Les azulejos de la sacristie sont l'œuvre de Nuno Gonçalves (XVe s.).

Le petit cloître manuélin

Vestige du couvent d'origine, il est retapissé de magnifiques faïences d'inspiration mudéjare

Museu Nacional do Azulejo

aux motifs géométriques et floraux, ajoutées au XVIIe s.

Vue de Lisbonne

La salle au 2e étage expose un immense panneau d'azulejo bleu et blanc représentant Lisbonne. Ce panneau du XVIIIe s., qui reproduit la ville avant le séisme, fut attribué sans certitude à Gabriel del Barco. Après la visite du musée, installez-vous dans l'élégant patio pour déguster salades, quiches ou crêpes.

Rua da Madre de Deus, 4 (bus 759 ou 794, arrêt Igreja Madre de Deus) • ☎ 218 100 340 • www.museudoazulejo.gov.pt • Mar.-dim. 10h-18h ; f. dim. de Pâques, 1er mai, 13 juin, 24-25 déc. et vac. du Nouvel An • Entrée : 5 €.

Les azulejos

Jusqu'au XVIe siècle, les Portugais importent des carreaux de faïence fabriqués à Séville par les artisans maures. L'arrivée d'artistes italiens à Lisbonne vers 1550 permet de combiner le support du carreau très en vogue et la technique de la faïence émaillée : l'azulejo portugais est né, et promis à un bel avenir !

UN ART DÉCORATIF OMNIPRÉSENT

En 1580, le Portugal est sous la dépendance de l'Espagne ; la Cour et son cortège d'artistes résident alors à Madrid. Au Portugal, les fonds manquent et l'Église est le seul client. L'azulejo, peu cher et facile d'entretien, remplace alors tableaux, tapis, sculptures et bas-reliefs. Puis on y prend goût et l'on en couvre les églises, les hôpitaux, les palais, les villas. L'azulejo gagne les terrasses, les jardins et les façades. Aujourd'hui, il reste le matériau de prédilection de la décoration portugaise.

COULEURS ET MOTIFS À TRAVERS LES SIÈCLES

XVIe et début XVIIe s. : polychromie, motifs figuratifs. **XVIIe s. :** bleu et jaune, géométriques, *padrão*. **Fin XVIIe, milieu XVIIIe s. :** bleu et blanc, *figura avulsa* (fleurs, oiseaux...) et *painéis* représentant des scènes de Cour, de chasse, des fêtes galantes, la vie de saints. **Milieu XVIIIe et XIXe s. :** polychromie, *registros* et *painéis* (représentant des scènes de genre, thèmes de la vie quotidienne et du commerce). **XXe s. :** polychromie, motifs contemporains, abstraits.

Les mots pour le dire

Azulejos : vient du persan *Az-zulaïj*, qui signifie « pierre polie ». Prononcez « azouléjouch » avec un « j » à la française.

Figura avulsa : motif isolé, souvent simpliste, œuvre d'apprentis.

Padrão : motif effectué sur quatre azulejos (ou 16 ou 32...), répété à l'infini.

Painel (pl. *painéis*) **:** signifie « puzzle » et désigne plusieurs carreaux peints ensemble et formant un tableau.

Registros : médaillons d'un saint, au-dessus des porches.

AUJOURD'HUI COMME HIER

On part toujours d'un **support d'argile** mis au carré et cuit entre 850 et 1 000 °C, puis **recouvert d'émail** cru. Le motif est décalqué au graphite et peint avec des oxydes métalliques à l'aide de pinceaux en poils d'oreilles de bœuf, en prenant soin de ne jamais toucher le motif avec les mains. Avant la cuisson, les bleus (cobalt) sont souvent mauves, et les verts (cuivre) grisâtres : seuls les jaunes (antimoine) et les bruns (manganèse) se reconnaissent. Les ***painéis*** sont peints sur de grands chevalets et, une fois finis, ils sont démontés, numérotés et disposés sur des plaques à l'intérieur du four.

Padrão classique

SAVOIR LES RECONNAÎTRE

La valeur de l'azulejo dépend du support et du motif décoratif. En général, les **carreaux industriels** sont imprimés automatiquement (pour les grandes surfaces), ou au pochoir (pour les frises), mais ils peuvent aussi être peints à la main (pour les objets décoratifs). Les **carreaux manuels** ou **semi-manuels** sont toujours peints à la main. Pour les reconnaître, examinez les dessins et les couleurs : un carreau peint à la main ne sera jamais parfait, c'est ce qui fait son charme ! Manuels et semi-manuels ont un fond rosé ou jaune irrégulier, avec un aspect bosselé. Les carreaux industriels ont un fond blanc ou crème, régulier.

AZULEJOS : QU'EN FAIRE ?

Traditionnellement, on les pose aux murs ou sur le sol (salles de bains ou cuisines), on en couvre les tables... On peut les présenter sur des supports en bois verni ou peint, en liège (cadres, dessous-de-plat, tableaux...), en fer forgé (tables...), ou sur une base acrylique à suspendre ou à poser. Pour les fixer, on utilise du ciment-colle pour les murs et les sols, une colle silicone pour un support en acrylique et de la colle à bois pour les objets et les cadres.

Ouvrez les yeux !

- **Les plus belles façades :** Casa do Ferreira das Tabuletas (voir p. 36), Fábrica Viúva Lamego (voir p. 55).
- **Les plus beaux carreaux :** Museu Nacional do Azulejo (voir p. 60), Igreja de São Roque (voir p. 39), Mosteiro de São Vicente (voir p. 58), Mosteiro dos Jerónimos (voir p. 89), Convento dos Cardaes (voir p. 41), Museu de Lisboa (voir p. 96), Palácio dos Marqueses de Fronteira (voir p. 99), Palácio Nacional de Sintra (voir p. 104).

9 De Príncipe Real À SÃO BENTO

Restos & bistrots p. 131 | Bars, clubs & sorties p. 158 | Boutiques p. 184

Quartier en pleine ébullition, Príncipe Real est le repaire de la jeunesse cool et créative, où boutiques indépendantes, concept stores et cafés branchés n'en finissent pas de bourgeonner. Au sud de la délicieuse praça das Flores, São Bento cultive sa différence. Le quartier, où est née Amália Rodrigues, est aujourd'hui le paradis des artisans et des antiquaires.

1 PRAÇA DO PRÍNCIPE REAL**

La place n'a guère changé depuis la fin du XIXe s., avec ses terrasses ombragées, son kiosque et son gigantesque ***Cupressus lusitanica,*** l'arbre le plus large d'Europe (25 m d'envergure). Admirez les façades des palais, aujourd'hui occupés par

des associations et des ministères, et profitez du petit **marché** bio le samedi matin. Au cœur du parc, le **Reservatório da Patriarcal,** un réservoir d'eau souterrain du XIXe s., offre une fraîcheur bienvenue quand la chaleur est écrasante (☎ 218 100 215, sam. 10h-17h30, entrée : 1 €).

❷ EMBAIXADA***

Abandonné pendant des décennies, ce superbe palais néomauresque du XIXe s. s'est métamorphosé en concept store ultra-tendance. Entre fresques Art nouveau voluptueuses, lustres clinquants et moulures, les boutiques font la part belle à la création portugaise tradi ou innovante : mode, déco, artisanat, gastronomie... Outre les expos d'art, le patio mauresque abrite un café et, au sous-sol, le restaurant **Atalho Real** (voir p. 132) et sa divine terrasse font le bonheur des carnivores. Un lieu unique.

Praça do Príncipe Real, 26
• ☎ 965 309 154 • www.embaixadalx.pt
• T.l.j. 12h-20h.

❸ JARDIM BOTÂNICO*

Le **Jardin botanique** de la faculté des sciences, fondé en 1873, invite à la flânerie autour de palmiers du monde entier, d'un *ginkgo biloba*, d'euphorbes, de géraniums de Madère, de lilas ou de tamaris. Les enfants aimeront la **maison des papillons** (avr.-sept. : mar.-ven. 10h-13h et 14h-17h, sam.-dim. 11h-13h et

❹ Pause cap-verdienne chez Estrela Morena

Cette cantine cap-verdienne typique aligne une poignée de tables dans un décor sans chichi. Sous le regard de figures emblématiques de l'île, on goûte à des plats simples et roboratifs, notamment le traditionnel *cachupa de carne* (8 €) à base de millet, maïs, haricots rouges, porc et banane verte. Pour les palais sensibles, les épices sont judicieusement servies à côté !

Rua da Imprensa Nacional, 64B • ☎ 218 085 445 • Lun.-sam. 11h-15h et 19h-22h30.

14h-18h). Un endroit à l'atmosphère délicate et surannée, due en partie à la présence de l'ancien observatoire (XIXe s.).

Rua da Escola Politécnica, 58 • ☎ 213 921 800 • www.museus.ulisboa.pt • T.l.j. 9h-20h (en hiver : lun.-ven. et j.f. 9h-17h, sam.-dim. 9h-18h) • Entrée : 2 € (gratuit sam.-dim. avant 11h).

❺ PRAÇA DAS FLORES**

Laissez la pente vous guider et descendez la rue de São Marçal, vous ne serez pas déçu du voyage ! Vous voici sur l'une des places les plus dépaysantes de Lisbonne. Vous vous croirez soudain dans un petit village paisible où le temps s'est arrêté : on prend le

Praça das Flores

frais assis sur les bancs, on lit son journal, on regarde la fontaine en écoutant les rires des enfants. Et si l'humeur vous en dit, vous pourrez également y manger.

❻ CASA-MUSEU AMÁLIA RODRIGUES**

La reine du fado (1920-1999) a commencé sa carrière à l'âge de 15 ans, avant de faire le tour du monde. Cette maison a été la sienne pendant plus de

quarante ans, d'où une visite teintée d'émotion. Mobilier, bijoux, robes de scène, objets personnels, piano... rien ne semble avoir changé de place.
Rua de São Bento, 191-193 • ☎ 213 971 896 • www.amaliarodrigues.pt • Mar.-dim. 10h-13h et 14h-18h • Visite guidée obligatoire (20 min) • Entrée : 5 €.

7 RUA DE SÃO BENTO★★

Cette longue rue en pente mène du largo do Rato au Parlement national. Prenez le temps de la parcourir afin de profiter de ses brocanteurs, antiquaires et ateliers d'artisans. Pour le plaisir des yeux, poussez la porte de **Ricardo Hogan**, au n° 281.

8 PALÁCIO DE SÃO BENTO★★

Perché en haut d'une place et d'un large escalier, cet édifice néoclassique est le siège du **Parlement national.** Au XVe s., il abritait le monastère de São Bento avant de devenir en 1834 le Palácio das Cortes à la faveur de la dissolution des ordres religieux. L'intérieur, grandiose avec ses statues de marbre, se visite lors d'expositions sur l'histoire politique du Portugal ou lors de visites guidées.
Palácio de São Bento, rua de São Bento • ☎ 213 919 000 (info) ou ☎ 213 919 446 (résa) • Visite guidée (1 h 30) en anglais ou en portugais, lun.-ven.

Palácio de São Bento

10 Estrela ET CAMPO DE OURIQUE

Restos & bistrots p. 133 | Boutiques p. 188

Ce quartier populaire, au tracé quadrillé et à l'architecture des années 1920 à 1950, a longtemps été spécialisé dans la *panificação* (fabrication du pain). Vous croiserez encore beaucoup de boulangeries artisanales : un excellent prétexte pour allier gourmandise et balade, soit dans le luxuriant Jardim da Estrela, soit dans l'étonnant « cimetière des plaisirs ».

❶ BASÍLICA DA ESTRELA★★

En 1779, la reine Maria Ire décida de bâtir une basilique dédiée à la Vierge pour la remercier de lui avoir donné un fils. L'édifice de style baroque témoigne du peu de goût de la reine pour le rationalisme de son époque, et pour Pombal en particulier. À l'intérieur, vous admirerez le **tombeau** de la

souveraine, une crèche géante (t.l.j. 10h-11h45 et 15h30-17h) et des marbres de couleur.
Praça da Estrela • ☎ 213 960 915 • T.l.j. 8h-19h (sf lors des messes) • Entrée libre.

❷ JARDIM DA ESTRELA**

Ce jardin public inauguré en 1842, où aiment flâner les Lisboètes, étale ses charmes romantiques face à la basilique. Essences exotiques, fontaines et grottes artificielles s'épanouissent autour d'un bassin central où barbotent oies et canards d'Égypte. Marchez jusqu'au ***coreto,*** petit kiosque métallique dédié autrefois aux bals populaires et aux rendez-vous galants. Vous y trouverez aussi un café avec terrasse et une aire de jeux pour enfants. Marché artisanal le premier dimanche du mois.
Praça da Estrela • T.l.j. 7h-minuit • Entrée libre.

❸ CEMITÉRIO DOS INGLESES**

Caché derrière un haut mur d'enceinte, ce cimetière anglican abrite quelque 3 000 tombes. Aménagé comme un grand jardin paisible, il fait la part belle aux arbres, arbustes et plantes qui parfois envahissent un peu les pierres tombales. Aménagé en 1724, ce cimetière n'a pu voir le jour que grâce à ses arbres et à son mur : les Anglais n'avaient le droit de pratiquer leur culte que loin du regard des Portugais, très majoritairement

Créche dans la Basílica da Estrela

Cemitério dos Ingleses

catholiques. S'ils purent aménager un cimetière, ce ne fut qu'à la condition que ce dernier soit le plus discret possible...

Entrée rua de São Jorge • Lun.-ven. et dim. 10h-13h.

❹ CASA FERNANDO PESSOA*

Ce lieu fut la dernière demeure de Fernando Pessoa, qui y loua une petite chambre pendant les quinze dernières années de sa vie. L'immeuble a été rénové et abrite aujourd'hui quelques objets personnels, une bibliothèque (f. sam.) et une petite salle multimédia. Pour les fans du poète.

Rua Coelho da Rocha, 16 • ☎ 213 913 270 • www.casafernandopessoa.pt • Lun.-sam. 10h-18h • Entrée : 4 €.

Fernando Pessoa

Né en 1888, l'écrivain portugais n'a publié qu'un seul recueil de poèmes de son vivant (*Message*, 1934). En réalité, il écrivait sous des noms d'emprunt (Alberto Caeiro, Ricardo Reis, Bernardo Soares...). Après sa mort, en 1935, plus de 25 000 documents furent retrouvés dans une malle.

❺ MERCADO DE CAMPO DE OURIQUE**

Fondé en 1934, le vieux marché de Campo de Ourique s'est offert un joli coup de blush. Sous la grande halle couverte niche un délicieux marché de gourmets, entre vendeurs de fruits et légumes, bouchers et poissonniers. Une vingtaine de stands et une infinité d'options gourmandes à savourer aux tables communes !

Rua Coelho da Rocha • ☎ 211 323 701 • www.mercadodecampodeourique.pt • Lun. et mer. 10h-23h, mar. et dim. 10h-minuit, jeu.-sam. 10h-1h.

Mercado de Campo de Ourique

❼ CEMITÉRIO DOS PRAZERES**

Ce cimetière « des plaisirs », créé en 1833, a tout d'un hameau résidentiel avec ses milliers de monuments funéraires bien alignés. Les rues étroites sont arborées, et leurs trottoirs pavés en noir et blanc, à la lisboète. Aux portes vitrées des chapelles s'accrochent des rideaux dentelés et les tombes sont décorées d'objets et de photos. Surprenant...

Praça São João Bosco • ☎ 213 961 511 • T.l.j. 9h-17h30 • Entrée libre.

❻ Pause chocolat au O Melhor Bolo de Chocolate do Mundo

La spécialité de cette pâtisserie ? Tout simplement le « meilleur gâteau au chocolat du monde » ! Baptisé ainsi, non sans humour, par son inventeur Carlos Braz Lopes, il attire une foule de gourmands en face du marché de Campo de Ourique. La recette est délicieuse et s'exporte aujourd'hui à New York, São Paulo et Sydney.

Rua Tenente Ferreira Durão, 62A • ☎ 213 965 372 • www.omelhorbolodechocolatedomundobycbl.com • Lun.-sam. 9h-19h30 • La part de gâteau : 2,50 €.

11 Du Museu de Arte Antiga AUX DOCKS

Restos & bistrots p. 133 | Bars, clubs & sorties p. 159 | Boutiques p. 188

Peu à peu réhabilité, le quartier des anciens docks attire les musées en quête d'espace pour leurs collections. Avec le pont du 25-Avril comme horizon, ce faubourg aux belles demeures XIXe et aux entrepôts désaffectés attire bourgeois et jeunes créatifs. Une énergie qui a permis aux friches de LX Factory de devenir l'un des sites les plus en vogue de Lisbonne !

❶ MUSEU NACIONAL DE ARTE ANTIGA★★★

Avant de flâner dans le quartier de Lapa, prévoyez la visite de l'ancien palais des comtes d'Alvor, aussi appelé Palácio das Janelas Verdes (« palais des Fenêtres vertes »). Il renferme le plus grand musée du Portugal, inauguré en 1884, et abrite la plus belle collection d'art du pays. Outre ses nombreux chefs-d'œuvre étrangers et portugais (Tiepolo, Dürer, Poussin, Zurbarán, Vasco Fernandes...), il doit sa réputation à deux œuvres remarquables : le polyptyque de *Saint-Vincent-hors-les-murs*, peint par Nuno Gonçalves, et *La Tentation de saint Antoine* de Jérôme Bosch (v. 1500), fascinant triptyque. À voir aussi, cette étonnante fontaine à deux têtes (XVIe s.), une énigme... Face au musée, admirez la grandiose **Chafariz das Janelas Verdes** (« fontaine des Fenêtres vertes »), avec Vénus et Cupidon.

Polyptyque de *Saint-Vincent-hors-les murs*, Museu Nacional de Arte Antiga

L'art portugais

Parmi la multitude d'œuvres d'art portugaises présentées ici, vous pourrez admirer un étonnant *Christ voilé* du XVe s. et le triptyque de Vasco Fernandes illustrant *La Descente de Croix, Saint François, Saint Antoine*, exemple du maniérisme portugais. C'est cependant le polyptyque de *Saint-Vincent-hors-les-murs (Painéis de São Vicente* ; v. 1470-1480), saint patron de Lisbonne, qui est l'œuvre maîtresse du musée. Dans cette œuvre de Gonçalves, peintre attitré du roi Afonso V, on découvre la famille royale au complet, entourée des grands

❷ Pause en terrasse au Chat

Après avoir visité le musée d'Art ancien, vous pourrez grignoter salades, sandwichs ou *petiscos* dans ce bar-esplanade. De la terrasse presque suspendue au-dessus du Tage, vue fantastique sur les docks de Lisbonne. Si vous n'êtes pas fan de friches industrielles, revenez le soir pour un cocktail (7-15 €) quand le pont du 25-Avril s'illumine... Vous serez conquis !

Jardim 9 de Abril (accès près de l'entrée du Museu de Arte Antiga) • ☎ 213 963 668 • Lun.-sam. 12h30-2h, dim. 12h30-minuit.

ordres monastiques, des chevaliers et de la Cour. Cette galerie de portraits géante traduit sa vision du réalisme, presque flamande. Évoluant dans une composition abstraite, chaque visage est doté d'une expression choisie.

La peinture européenne

La collection étrangère est exposée par école et par ordre chronologique. L'école espagnole est représentée par Velázquez, Ribera et Zurbarán, tandis que la peinture italienne rend hommage à Giambattista Tiepolo. Enfin, les écoles flamande et allemande sont représentées par *Saint Jérôme en prière*, l'une des plus célèbres toiles de Dürer, et *La Tentation de saint Antoine*, illustration fantastique de Jérôme Bosch.

Les arts décoratifs orientaux

Ce département doit sa richesse aux grands navigateurs qui dénichaient, aux quatre coins du monde, divers objets insolents d'exotisme. Ainsi, il fourmille de porcelaines chinoises et japonaises, de meubles indo-portugais, de céramiques et de coffrets peints remplis de bijoux. À ne pas manquer, les superbes paravents japonais dorés à la feuille.

Rua das Janelas Verdes
• ☎ 213 912 800
• www.museudearteantiga.pt
• Mar.-dim. 10h-18h ; f. 1er janv., dim. de Pâques, 1er mai, 13 juin, 24 et 25 déc.
• Entrée : 6 €.

Museu do Oriente

❸ CASA DO VISCONDE DE SACAVÉM*

C'est sous l'impulsion du caricaturiste Rafael Bordalo Pinheiro (1846-1905), premier créateur de bandes dessinées portugais, que se développa à la fin du XIXe s. la mode des azulejos en relief avec des éléments décoratifs naturalistes (fleurs, fruits, feuillages...). La demeure du vicomte de Sacavém est l'un des plus beaux exemples de ce style. Sur la façade, on retrouve pêle-mêle cordages manuélins, azulejos traditionnels et carreaux en forme de grappe de raisin ou de pomme.

Rua do Sacramento à Lapa, 24
• Ne se visite pas.

❹ MUSEU DO ORIENTE***

Aménagé dans un ancien entrepôt frigorifique, ce musée fait la part belle aux œuvres d'Extrême-Orient. Plongé dans une semi-pénombre, le visiteur découvre sous un éclairage savamment travaillé une multitude d'objets issus des arts traditionnels asiatiques. Une démonstration, au cours de la visite, des liens tissés entre les deux cultures au fil des explorations passées. De nombreux spectacles sont également organisés au sein du musée sur le thème de l'Orient.

Av. de Brasília, Doca de Alcântara (N) • ☎ 213 585 200 • www.museudooriente.pt • Mar.-jeu. et sam.-dim. 10h-18h, ven. 10h-22h ; f. 1er janv. et 25 déc. • Entrée : 6 € ; gratuite ven. 18h-22h.

❺ DOCA DE ALCÂNTARA ET DOCA DE SANTO AMARO**

Comme Londres et Amsterdam, Lisbonne a réhabilité ses quais. Quelques clubs, où les fêtards se ruent à la tombée de la nuit, occupent la partie est du dock d'Alcântara. En journée, il fait bon flâner du côté de Santo Amaro, au pied du pont du 25-Avril. Les entrepôts du petit port de plaisance ont été transformés en bars, restaurants et discothèques. Malgré le bruit dû à la circulation sur le pont, la balade reste agréable.

❻ PONTE 25 DE ABRIL**

Construit sous le régime de Salazar, il fut le premier pont suspendu

Doca Santo Amaro

Marché aux puces de LX Factory

au-dessus du Tage. Ouvrage exceptionnel pour l'époque (1966), réalisé en un temps record (quatre ans), il s'étend sur 3 km, dont deux sur le fleuve, mesure 100 m de haut et assoit ses fondations à plus de 80 m de profondeur. Il relie les banlieues d'Almada et de Cacilhas à Lisbonne, et le trafic atteint plus de 160 000 véhicules par jour !

❼ MUSEU DA CARRIS*

Fondée en 1872, la société de transport de Lisbonne vous invite à voyager dans le temps. Son **musée des Transports publics** retrace l'histoire de leur développement dans la capitale à l'aide de documents, photographies, vieux tickets et uniformes. L'entrepôt abrite quant à lui de superbes bus et tramways anciens.

Rua Primeiro de Maio, 101-103 • ☎ 213 613 087 • http://museu.carris.pt • Lun.-ven. 10h-18h, sam. 10h-13h et 14h-18h • Entrée : 4 €.

❽ CENTRO CIENTÍFICO E CULTURAL DE MACAU*

Inauguré en 1999 lors de la rétrocession de Macao à la Chine, le centre abrite un musée évoquant l'histoire du port chinois aux XVIe et XVIIe s., sous la domination portugaise. La plus belle collection d'art chinois du pays comprend objets funéraires, céramiques, porcelaines, peintures et tout le nécessaire du fumeur d'opium.

Rua da Junqueira, 30 • ☎ 213 617 570 • www.cccm.pt • Mar.-dim. 10h-17h ; f. 1er janv., Vendredi saint, dim. de Pâques, 1er mai et 25 déc. • Entrée : 3 € ; gratuite dim. 10h-14h.

❾ LX FACTORY***

Voici un petit village créatif où l'on vient flairer les dernières tendances ! Ces friches industrielles oubliées pendant des années ont été investies par des showrooms de designers, des galeries d'art, des boutiques de mode et de déco, la superbe librairie **Ler Devagar** (voir p. 188) et des restaurants. Sur les façades des entrepôts s'affichent de nombreuses œuvres d'artistes de rue de talent. Le dimanche, on vient chiner fripes, bijoux de créateurs ou vieilles babioles sur les étals en plein air du **LX Market,** le marché aux puces des branchés. Concerts, expos, fêtes et ateliers y sont organisés. Agenda sur le site Internet.

Rua Rodrigues de Faria, 103 • ☎ 213 143 399 • www.lxfactory.com • T.l.j. 10h-4h • **LX Market** : dim. 11h-18h.

❿ Pause à la bonne franquette à la Cantina

Tout le monde se croise dans ce vieil entrepôt qui abrite la populaire Cantina et sa déco façon brocante. On s'y retrouve autour de grandes tables recouvertes de nappes fleuries en plastique, où l'on partage une cuisine sans façon : viandes et poissons cuits dans un four à bois (côtelettes d'agneau, cuisses de canard rôti, filets de bar, poulpe rôti)… et toutes sortes d'amuse-bouches (plats 10,50-19 €).

À l'entrée de la LX Factory • ☎ 213 628 239 • www.cantinalx.com • Lun. 12h-15h, mar.-sam. 12h-15h30 et 19h-minuit, dim. 12h-16h et 19h30-22h.

12 Rato ET AMOREIRAS

Restos & bistrots p. 136 | Bars, clubs & sorties p. 160 | Boutiques p. 188

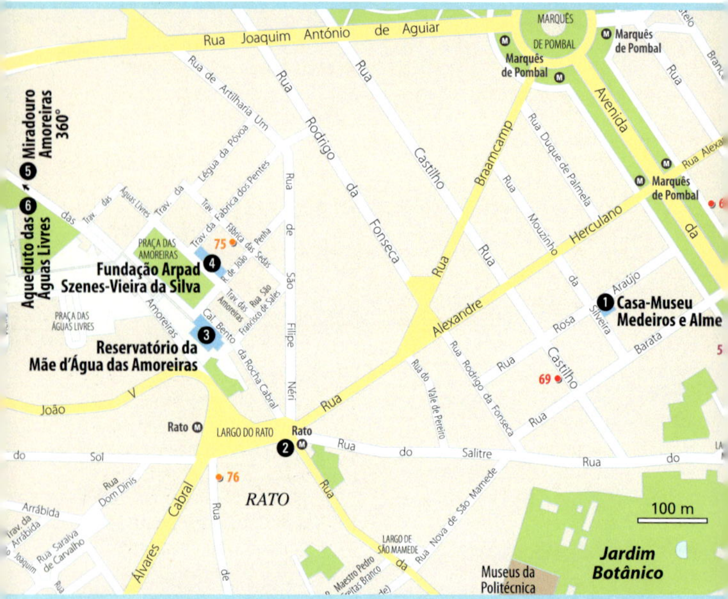

Loin des ruelles étroites et escarpées du centre historique, ce quartier moderne tranche par son fonctionnalisme. Quelques sites d'un autre temps, comme le réservoir ou l'aqueduc, témoignent de l'époque où les habitants élevaient les vers à soie sur des mûriers, pour fournir la fabrique de soierie qui abrite désormais la très belle Fondation Árpád Szenes – Vieira da Silva. La visite du quartier vous fera prendre de la hauteur : plusieurs sites offrent des panoramas à couper le souffle, depuis l'aqueduc ou du haut des tours Amoreiras.

Salon de la Casa-Museu Medeiros e Almeida

❶ CASA-MUSEU MEDEIROS E ALMEIDA★★

Ce véritable petit palais est truffé de trésors réunis par le collectionneur et homme d'affaires António de Medeiros e Almeida (1895-1986). Le musée est installé dans sa propre maison, demeurée telle quelle, et dans son jardin. Au fil des salons somptueux, on découvre une collection impressionnante de peintures flamandes, tapisseries, porcelaines chinoises, bijoux, meubles d'époque… le tout savamment

❷ Pause historique à la Pastelaria 1800

Les superbes panneaux d'azulejos polychromes du fond de la salle vous avertissent : ici, on fabrique des gâteaux depuis 1857 ! C'est dire si on a le tour de main ! Faites comme les Portugais et offrez-vous un *galão* (1,15 €) et un *bolo de arroz* (1 €).

Largo do Rato, 7 • ☎ 213 882 631 • Lun.-ven. 6h-21h, sam. 6h-20h • Pâtisserie : autour de 1,20 €.

agencé. Parmi les raretés, le service à thé utilisé par Napoléon à Sainte-Hélène, la montre en argent de l'impératrice Sissi et l'étonnante horloge de nuit du XVIIe s., en état de marche, éclairée par une lampe à huile placée à l'intérieur.
Rua Rosa Araújo, 41 • ☎ 213 547 892 • www.casa-museumedeirosealmeida.pt • Lun.-ven. 13h-17h30, sam. 10h-17h30 ; f. 1er jan., Vendredi saint, 1er mai, 24 et 25 déc. • Entrée : 6 € ; gratuite sam. 10h-13h.

Reservatório da Mãe d'Água das Amoreiras

❸ RESERVATÓRIO DA MÃE D'ÁGUA DAS AMOREIRAS★★

C'est ici que se déversaient les eaux de l'aqueduc das Águas Livres (voir p. 81). Splendide **réservoir** construit entre 1746 et 1834, il fait aujourd'hui office de lieu culturel. Les murs de 5 m d'épaisseur sont régulièrement ornés de tableaux lors d'expositions temporaires, et il n'est pas rare que les créateurs choisissent ce lieu pour leurs défilés de mode. On le comprend aisément en découvrant le superbe panorama qui se dévoile depuis la terrasse...
Praça das Amoreiras, 10 • ☎ 213 251 644 • www.epal.pt • Mar.-sam. 10h-12h30 et 13h30-17h30 • Entrée : 5 €.

❹ FUNDAÇÃO ÁRPÁD SZENES - VIEIRA DA SILVA★★

Ce musée expose des œuvres (peintures, dessins, aquarelles) de l'artiste français d'origine hongroise Árpád Szenes (1897-1985), peintre abstrait célèbre pour son travail sur la transparence (*Autoportrait à la pupille rouge*, 1924-1925), et de son épouse d'origine lisboète Maria Helena Vieira da Silva (1908-1992), amie de Fernand Léger, Antoine Bourdelle, Raoul Dufy et Piet Mondrian...
Praça das Amoreiras, 56-58 • ☎ 213 880 044 • www.fasvs.pt • Mar.-dim. 10h-18h • Entrée : 5 €.

Miradouro Amoreiras 360°

❺ MIRADOURO AMOREIRAS 360°*

Il faut pénétrer dans un vaste centre commercial pour trouver l'accès à cette attraction, non sans avoir acheté auparavant son ticket au poste d'accueil situé près de l'entrée. L'ascenseur, décoré du panorama qui vous attend, file vers les sommets pour dévoiler un point de vue complet sur Lisbonne, son aqueduc, le château et l'emblématique pont du 25-Avril qui enjambe le Tage.

Av. Eng. Duarte Pacheco, loja 2037 • ☎ 213 810 200 • www.amoreiras.com • T.l.j. 10h-23h • Entrée : 5 €.

❻ AQUEDUTO DAS ÁGUAS LIVRES***

L'**aqueduc** « des eaux-libres » est un projet phénoménal ordonné en 1731 par João V. Il permit d'alimenter dès 1748 les fontaines de Lisbonne après un parcours de 58 km. Avant cette date, seul le quartier de l'Alfama disposait d'eau potable : l'arrivée de l'aqueduc fut donc une révolution pour le reste des habitants ! On peut suivre les 941 m de l'aqueduc et contempler la vallée de l'Alcântara à 65 m de hauteur.

Calçada da Quintinha, 6 • ☎ 218 100 215 • www.epal.pt • Mar.-sam. 10h-17h30 • Visite guidée sur résa • Entrée : 3 €.

13 Du Parque Eduardo VII AUX AVENIDAS

Restos & bistrots p. 136 | Bars, clubs & sorties p. 160

Après le jardin zen du musée Gulbenkian, vous découvrirez les demeures de collectionneurs, les fresques de graffeurs stars et des arènes aux airs de palais maure ! À l'est du parc Eduardo VII, les Avenidas – illustration de l'extension rectiligne et pastel de la ville jusqu'aux années 1960 – alignent boutiques et cafés kitsch.

❶ PARQUE EDUARDO VII ET ESTUFAS**

L'ascension en pente douce de ce vaste parc à la française sera récompensée par une parenthèse exotique dans l'***estufa fria,*** une serre froide de 1930 abritant papyrus, fougères arborescentes, nénuphars, cascades et pont japonais. Plus petites, les ***estufas quente*** (chaude) et ***doce*** (douce) renferment des plantes tropicales pour la première et des cactus pour la seconde. Grimpez jusqu'au **jardin Amália-Rodrigues** pour le panorama ou pour une pause gourmande au bord de l'eau au **Linha D'Água** (rua Marquês de Fronteira, ☎ 213 814 327, t.l.j. 10h-20h, *pastéis de nata* : 1,10 €).

Serres (nord-ouest du parc) • ☎ 213 882 278 • http://estufafria.cm-lisboa.pt • Avr.-oct. : t.l.j. 10h-19h ; nov.-mars : t.l.j. 9h-17h • Entrée : 3,10 € ; gratuite dim. et j.f. jusqu'à 14h.

❷ CRONO PROJECT**

Dans le cadre du projet Crono, plusieurs maîtres du street art mondial ont recouvert de leurs fresques géantes de vieux immeubles désaffectés mis à disposition par la Ville. En face du métro Picoas se succèdent le personnage géant du duo brésilien Os Gêmeos (n° 26), le voleur sirotant le monde à la paille de Blu, la silhouette noire sur ciel d'étoiles de SAM3, le crocodile d'Ericailcane et les oiseaux de Lucy McLauchlan (angle rua Martens Ferrão). Du graff de haute volée !

Av. Fontes Pereira de Melo • www.cargocollective.com/crono

❸ CASA-MUSEU ANASTÁCIO GONÇALVES***

Anastácio Gonçalves était ophtalmologue, intellectuel, voyageur et ami de Calouste Gulbenkian. À sa mort en 1965, il légua à l'État sa collection et sa demeure Art nouveau. Le visiteur déambule de pièce en pièce dans une scénographie intime : mobilier européen des XVIIe-XIXe s., nombreuses peintures de Columbano Bordalo Pinheiro et de Marques de Oliveira, porcelaines chinoises...

Av. da Cinco de Outubro, 6-8 • ☎ 213 540 923 • https://blogdacmag.blogspot.co.uk • Mar.-dim. 10h-18h ; f. 1er janv., dim. de Pâques, 1er mai, 13 juin, 24 et 25 déc. • Entrée : 3 €.

Estufa Quente, Parque Eduardo VII

❹ Pause branchée au Vélocité Café

Quelques tables en terrasse à l'écart de la circulation, un hall entouré de vitrines bourrées de gadgets, un comptoir et... un atelier de réparation de vélo ! Cette cantine-atelier propose une carte simple et ultra fraîche de tartines, burgers et salades, augmentée le week-end de deux brunchs gourmands (11 €). Une pause dans une ambiance décontractée et amicale, où les habitués et les valeureux cyclistes aiment se retrouver. Vous pourrez même y louer un vélo !

Av. Duque d'Ávila, 120A • ☎ 213 545 252 • Facebook : Vélocité Café • Mer.-lun. 10h-19h.

❺ CENTRO DE ARTE MODERNA★★

Le **musée d'Art moderne** fait partie de la fondation Gulbenkian. Ouvert en 1983, il rassemble tous les courants artistiques majeurs de l'art portugais de 1920 à nos jours, avec des œuvres de Lourdes Castro, Paula Rego ou encore Almada Negreiros et son fameux *Portrait de Fernando Pessoa*. L'art britannique est représenté par Henry Moore, David Hockney et le *Love Wall* de Peter Blake.

Rua Dr N. de Bettencourt • ☎ 217 823 474 • www.cam.gulbenkian.pt • Mer.-lun. 10h-18h ; f. 1er janv., dim. de Pâques, 1er mai, 24 et 25 déc. • Entrée : 5 € ; gratuite dim.

❻ MUSEU CALOUSTE GULBENKIAN★★★

On doit ce centre culturel, l'un des plus prestigieux d'Europe, à l'homme d'affaires et collectionneur arménien Calouste Sarkis Gulbenkian. Né en Turquie en 1869, il se réfugie à Lisbonne en 1942 et lègue à sa mort une partie de ses œuvres d'art à l'État portugais. Inauguré en 1969, le musée présente quatre millénaires de création artistique, de l'Antiquité au début du XXe s., à travers 1 000 pièces remarquables sur les 6 000 que compte le fonds. Ne manquez pas non plus le parc, agrémenté de sculptures de Moore et de Rodin, où se déroule chaque année le festival Jazz em Agosto (voir p. 19).

Monsieur 5 %

Enfant déjà, Calouste Gulbenkian utilisait son argent de poche pour dénicher des pièces rares sur les marchés. Il fit rapidement preuve d'un flair incroyable en affaires. En 1920, à la découverte de champs de pétrole en Irak, il négocia une commission de 5 % sur la production à venir... le jackpot ! Surnommé « Monsieur 5 % », il se trouva vite à la tête d'une fortune colossale qui lui permit de se consacrer à sa passion. Gulbenkian sillonne le monde, harcèle les marchands d'art, rachète aux Soviétiques des pièces rares du musée de l'Ermitage. C'est ainsi qu'il constitue cette collection éclectique et unique, reflet de ses goûts personnels.

Art oriental et classique

Après les figurines égyptiennes et les pièces gréco-romaines, l'Orient islamique est à l'honneur avec des faïences d'Iznik, des enluminures, des lampes de mosquées ainsi que de superbes tapis persans. La section s'achève avec des porcelaines, objets laqués et tissus de Chine et du Japon.

Museu Calouste Gulbenkian

Art européen

Cette galerie présente des manuscrits enluminés et des ivoires médiévaux, des meubles et pièces d'orfèvrerie français des XVIIe et XVIIIe s., ainsi que des peintures flamandes et hollandaises (Rubens, Rembrandt), françaises (Fragonard, Boucher, Manet, Renoir, Monet) et anglaises (Turner, Gainsborough...).

Collection Lalique

La visite s'achève par la salle des bijoux, ivoires et verreries de René Lalique. Il faut admirer de près cette collection unique au monde : diadème orchidée, miroir aux serpents... Sublime !

Av. de Berna, 45A • ☎ 217 823 000 • www.gulbenkian.pt • Mer.-lun. 10h-18h ; f. 1er janv., dim. de Pâques, 1er mai et 25 déc. • Entrée : 5 € ; musée + expos : 12,50 € ; gratuite dim.

❼ PRAÇA DE TOUROS*

Les **arènes de Lisbonne** (1892) ont des airs de palais maure. C'est ici qu'ont lieu les fameuses *touradas*. Ces courses de taureaux, différentes des corridas espagnoles, mettent le cavalier à l'honneur (le ballet des *cavaleiros* en habit est un spectacle à lui tout seul) et la bête n'est pas mise à mort dans l'arène. La galerie commerciale des arènes réunit salles de cinéma, magasins, supermarché, cafés et restaurants.

Campo Pequeno • ☎ 217 998 450 • www.campopequeno.com • *Touradas* : avr.-oct. ; 10-70 € selon le placement.

14 Belém

Restos & bistrots p. 138 | Bars, clubs & sorties p. 161 | Boutiques p. 189

COMMENT Y ALLER ? VOIR CARNET PRATIQUE P. 195

À 15 minutes du centre-ville, Belém est un hommage gravé dans la pierre aux exploits de tous les navigateurs partis à la découverte du Nouveau Monde. Du Mosteiro dos Jerónimos aux lignes futuristes du Museu de Arte, Arquitetura e Tecnologia en passant par le génial Museu Nacional dos Coches, Belém est aussi le pôle culturel le plus éclectique de la capitale.

❶ PADRÃO DOS DESCOBRIMENTOS*

Érigé en 1960 à la demande de Salazar pour commémorer le 500e anniversaire de la mort d'Henri, dit « le Navigateur », le **monument des Découvertes** représente la proue d'une caravelle et les grands personnages de l'histoire maritime du Portugal, rois, navigateurs et mécènes.

Av. de Brasília • ☎ 213 031 950 • www.padraodosdescobrimentos.pt • Mars-sept. : t.l.j. 10h-19h ; oct.-fév. : mar.-dim. 10h-18h ; f. 1er janv., 1er mai et 25 déc. • Entrée : 4 €.

❷ TORRE DE BELÉM***

La **tour de Belém** fut édifiée au milieu du Tage pour défendre le port de Lisbonne, avant d'être rattrapée par la rive droite du fleuve asséché lors du séisme de 1755. Classé au Patrimoine mondial de l'humanité, ce joyau qui offre des points de vue spectaculaires symbolise à lui seul l'ancienne puissance navale portugaise. La ville devenant une escale obligatoire sur les routes du commerce, une tour de contrôle s'imposait. Édifiée entre 1514 et 1520 à la demande de Manuel Ier, elle servit également d'arsenal, de prison et de résidence pour capitaines.

Le bastion

Au niveau du pont-levis, la salle d'artillerie déploie sa batterie de canons. C'est par les ouvertures dans le sol que l'on jetait les condamnés dans les eaux et la boue du fleuve. Le cachot, qui permettait d'étouffer les cris de torture des prisonniers, fut utilisé jusqu'au XIXe s. Sur la plateforme gardée par les tours de sentinelles, la statue de Notre-Dame-du-Bon-Succès, face à la mer, veille encore sur les marins.

Tour de Belém

Un chef-d'œuvre manuélin

L'architecte Francisco de Arruda a su donner élégance et légèreté à la forteresse. Dans un télescopage de styles - loggia italienne, colonnes torsadées, tours d'angle à dômes mauresques et fenêtres géminées - rien ne manque au répertoire décoratif manuélin : blason de Manuel Ier, cordages, sphères armillaires et créneaux marqués de la croix de l'ordre du Christ.

La tour

Depuis la **salle du Gouverneur,** un escalier en colimaçon raide et

Cloître du Mosteiro dos Jerónimos

étroit (gare aux embouteillages !) dessert la **salle du Roi** (Sala dos Reis), où se situe la superbe loggia Renaissance, la **salle des audiences,** la **chapelle** et enfin la **terrasse.** Remarquez les plafonds voûtés d'ogives, typiques du style manuélin.

Av. de Brasília • ☎ 213 620 034 • www.torrebelem.gov.pt • Mai-sept. : mar.-dim. 10h-18h30 ; oct.-avr. : mar.-dim. 10h-17h30 ; f. 1er janv., dim. de Pâques, 1er mai, 13 juin et 25 déc. • Entrée : 6 €.

❸ MUSEU COLEÇÃO BERARDO★★★

Souvent ignoré, à tort, par les touristes, c'est l'un des musées d'art les plus palpitants de Lisbonne. La fabuleuse collection d'art du milliardaire portugais José Berardo offre sur 11 000 m² un travelling unique sur les courants de l'art des XXe et XXIe s. Cubisme, dadaïsme, surréalisme, pop art sont illustrés par des œuvres de grands maîtres tels que Picasso, Magritte, Duchamp, Dalí, Warhol, Pollock, Bacon ou Keith Haring. Et tous les supports sont représentés : sculpture, photographie, peinture, installations vidéos... Étourdissant !

Centro Cultural de Belém, praça do Império • ☎ 213 612 878 • www.museuberardo.pt • T.l.j. 10h-19h ; f. 25 déc. • Entrée : 5 € ; gratuite sam.

❹ MUSEU DE MARINHA★★★

Le **musée de la Marine** expose des maquettes de bateaux, des cartes, des instruments de navigation, des astrolabes et des reproductions de galiotes royales grandeur nature. Ici, vous embarquez dans la grande aventure maritime du Portugal. La salle dédiée aux découvertes illustre à merveille les progrès rapides de la construction navale à partir du XVe s. grâce à des maquettes montrant l'évolution des types d'embarcations. Ne manquez pas les cabines royales du yacht *Amélia*, démantelé en 1938, ni le **planétarium** Calouste-Gulbenkian (☎ 213 620 002, voir horaires de projection sur place, entrée : 5 €).

Praça do Império • ☎ 210 977 388 • http://ccm.marinha.pt • T.l.j. 10h-18h (17h oct.-avr., f. 1er janv., dim. de Pâques, 1er mai et 25 déc.) • Entrée : 6,50 € ; gratuite 1er dim. du mois.

❺ MOSTEIRO DOS JERÓNIMOS E IGREJA SANTA MARIA***

Bâti, selon la volonté de Manuel Ier (1495-1521), à l'emplacement de la chapelle de la Vierge-de-Bethléem où se recueillaient les marins, le **monastère des Hiéronymites** est grandiose par ses dimensions (300 m de façade), par la durée de sa construction (150 ans) et par son coût. Le monastère fut confié aux moines de Saint-Jérôme afin qu'ils prient pour le roi et les

❻ Pause crémeuse chez Pastéis de Belém

Confectionnés selon la même recette depuis 1837, les fameux *pastéis* de Belém sortent tout juste du four, crémeux à souhait, et se dégustent saupoudrés de cannelle et de sucre glace dans l'une des salles couvertes d'azulejos. Un régal à 1,05 € pièce !

Rua de Belém, 84 • ☎ 213 637 423 • www.pasteisdebelem.pt • T.l.j. 8h-23h (minuit en été).

navigateurs. Ancien refuge pour les marins, il devint plus tard celui des élèves de l'organisation de protection des orphelins, la Casa Pia de Lisboa. Les galeries du cloître et le réfectoire sont de pures merveilles manuélines. Dans l'église, ne manquez pas les tombeaux de Vasco da Gama et de Luís de Camões, ni la voûte et ses superbes piliers.

Le portail sud

Dessiné par Boytac, il fait majestueusement face au Tage. Décoré de moulures et de statues d'apôtres, de saints et de navigateurs, il satisfera les amateurs d'art religieux.

Igreja Santa Maria

Dans le transept, la superbe voûte nervurée de João de Castilho est miraculeusement soutenue par deux piliers (1520). Sous la tribune, le **tombeau de Vasco da Gama** est orné de symboles marins. La chapelle principale fut construite en 1571 dans le style maniériste par Jerónimo de Ruão. Elle renferme les **tombeaux** de Manuel Ier et de son épouse dona Maria, supportés par des éléphants. Le **retable** qui dépeint la Passion du Christ et l'Adoration des Mages fut imaginé par Lourenço de Salzedo (v. 1530-1577).

Le cloître

Cet ancien havre de paix hiéronymite est l'endroit idéal pour la méditation et la contemplation béate. Des plantes grimpantes et des animaux fantastiques couvrent les colonnes de la galerie. Considéré comme le plus bel exemple manuélin, ce cloître est l'œuvre des architectes Boytac et Castilho (1541). À voir également, la **tombe de Pessoa,** transférée ici en 1985.

Le réfectoire

Les splendides azulejos bleu et jaune des années 1780 mettent en scène le miracle de la multiplication des pains et la vie de Joseph en Égypte.

Praça do Império • ☎ 213 620 034 • www.mosteirojeronimos.gov.pt • Mar.-dim. 10h-18h30 (17h30 oct.-avr., f. 1er janv., dim. de Pâques, 1er mai, 13 juin et 25 déc.) • Entrée : cloître 10 € ; gratuite dans l'église.

❼ MUSEU NACIONAL DOS COCHES (MNC) - PICADEIRO REAL***

Voitures de promenade, de voyage, ou d'apparat, le **musée national des Carrosses** présente une collection rare de voitures restaurées du XVIIe au XXe s. Ce déploiement de luxe et d'art se partage entre l'ancien manège royal de Belém (Picadeiro Real) et un bâtiment ultra-contemporain signé Paolo Mendes da Rocha, entre minimalisme et exubérance !

La galerie 1

Elle regroupe les plus anciens carrosses (XVIe-XVIIIe s.) et les plus spectaculaires. Celui de Philippe II d'Espagne, en bois et cuir rouge, est certainement l'un des plus anciens. Exagérément baroques, les trois carrosses fabriqués à Rome en 1716 pour le compte du marquis d'Abrantes sont chargés de sculptures allégoriques faisant référence aux gloires maritimes du pays. Ici, l'ornementation est à son comble !

❽ Pause fraîcheur chez Cavalo Lusitano

Sous le Museu Nacional dos Coches, un long comptoir s'étire dans un style industriel. L'endroit est idéal pour se réfugier à la fraîche, à l'intérieur ou en terrasse, pour savourer l'une des nombreuses pâtisseries traditionnelles (1,30 €), ou bien pour partager une planche de charcuterie à plusieurs autour d'un verre, avant de repartir à l'assaut des musées !

Praça Afonso de Albuquerque • ☎ 210 135 167 • Mar.-dim. 9h-20h • *Petiscos* : 12,85 €.

La galerie 2

Parmi les spécimens roulants des XVIIIe, XIXe et du début du XXe s., vous découvrirez des voitures de promenade miniatures pour petits princes que tiraient poneys et moutons, la chaise aux hublots qui pouvait être conduite de l'intérieur, et la voiture dans laquelle succomba le roi Carlos Ier lors de l'attentat du 1er février 1908. Les impacts de balles sont encore visibles...

Le Picadeiro Real

À deux pas du musée, tout décoré de peintures et de panneaux d'azulejos, il abrite sept voitures d'apparat du XVIIIe s. ainsi qu'une collection de portraits royaux.

Av. da Índia, 136 • ☎ 210 732 319 • **Picadeiro Real** : praça Afonso de Albuquerque • ☎ 213 610 850 • www.museudoscoches.gov.pt • Mar.-dim. 10h-18h ; f. 1er janv., dim. de Pâques, 1er mai, 13 juin, 24 et 25 déc. • Entrée : Museu Nacional dos Coches 8 € ; Picadeiro Real 4 € ; billet combiné MNC et Picadeiro Real 10 €.

9 MUSEU DE ARTE, ARQUITETURA E TECNOLOGIA (MAAT)**

C'est le dernier né des musées de Belém, et le plus ancré dans la réalité de notre quotidien : de la question du climat à l'aménagement des villes, en passant par l'impact de la technologie sur nos vies, les expositions qui défilent au sein de l'ancienne centrale électrique de Lisbonne sont marquées par le sceau de l'actualité. Des thématiques confiées à des artistes contemporains qui disposent d'un écrin exceptionnel pour leur travail : rénovée, l'ancienne centrale a pris la forme d'une vague prête à se jeter à l'eau.

Central Tejo, av. de Brasília • ☎ 210 028 130 • www.maat.pt • Mer.-lun. 12h-20h ; f. 1er janv., 1er mai et 25 déc.

Le MAAT et le pont du 25-Avril

• Entrée : 5 € musée ; 5 € centrale ; 9 € billet combiné musée et centrale ; gratuite 1er dim. du mois.

⑩ PALÁCIO NACIONAL DA AJUDA★★

Bâti après la destruction du Palácio da Ribeira (terreiro do Paço) par le séisme de 1755, ce palais devient la résidence de la famille royale à partir de 1861. La reine, le trouvant austère, l'aménage à son goût. De la chambre de la Reine au cabinet de toilette (très moderne pour l'époque) en passant par le salon des Porcelaines, on déambule dans le décor typique et figé d'une cour du XIXe s., agrémenté d'une superbe collection d'arts décoratifs.

Largo da Ajuda, bus 729 depuis le bas de la calçada da Ajuda • ☎ 213 620 264 • www.palacioajuda.gov.pt • Jeu.-mar. 10h-18h ; f. 1er janv., dim. de Pâques, 1er mai, 13 juin, 24 et 25 déc. • Entrée : 5 €.

⑪ MUSEU NACIONAL DE ETNOLOGIA★

C'est un tout petit musée perché en haut d'une avenue tranquille. Si le fonds est conséquent avec ses 42 000 pièces d'origine africaine, asiatique, sud-américaine et européenne – il faut encore y ajouter les 11 600 objets de la collection du Musée d'art populaire –, l'exposition permanente elle, est réduite, faute de place. L'accrochage change donc régulièrement, tandis que trois expositions temporaires par an permettent de découvrir d'autres richesses de la collection. Les réserves du musée, passionnantes, se visitent aussi (sur résa).

Av. da Ilha da Madeira • ☎ 213 041 160 • https://mnetnologia.wordpress.com • Mar. 14h-18h, mer.-dim. 10h-18h ; f. 1er janv., dim. de Pâques, 1er mai, 13 juin, 24 et 25 déc. • Entrée : 3 €.

Siècle d'or et conquêtes

Au XVe siècle, les expéditions vers le Nouveau Monde marquent le début d'une période de prospérité. Lisbonne se tourne vers le Tage et s'organise pour assumer son nouveau rôle au cœur du commerce mondial.

HENRI, DIT « LE NAVIGATEUR »

L'infant Henri, **père des découvertes**, n'a en réalité que peu de fois quitté la terre ferme. Oncle et conseiller du roi Afonso V (1438-1481), il fonde la **première école de navigation portugaise** et convainc la noblesse d'investir dans l'industrie navale émergente. Il contribue au perfectionnement des techniques de navigation et de cartographie et au **financement des expéditions**.

L'INVENTION DU MONDE

En peu de temps, grâce à ses navigateurs, Lisbonne va devenir le centre d'un vaste empire. Après la colonisation de Madère, des Açores, puis l'exploration des côtes de l'Afrique, **Bartolomeu Dias** double le cap de Bonne-Espérance (1487), préparant ainsi le voyage de **Vasco da Gama aux Indes** (1498-1499). En 1500, à la suite d'une erreur de navigation, **Pedro Álvares Cabral découvre le Brésil**. Peu après, le Portugais **Fernão de Magalhães** (Magellan), qui navigue pour le compte de Charles Quint,

Navigateurs dans l'océan Indien, enluminure du *Livre des merveilles*, v. 1410

réussit le **premier tour du monde**, révolution dans tous les sens du terme, qui confirme la rotondité de la Terre.

Padrão dos Descobrimentos, Belém

LA RIVALITÉ AVEC L'ESPAGNE

Dans la course aux terres nouvelles, le Portugal rivalise avec l'Espagne. Le pape tranche en 1494 avec le **traité de Tordesillas :** toute terre rattachée à l'Atlantique se trouvant à l'est d'une ligne passant à 370 lieues (soit environ 2 000 km) à l'ouest des îles du Cap-Vert est déclarée portugaise. C'est ainsi que l'**Afrique** occidentale mais aussi le **Brésil** (dont la partie orientale se trouve dans la bonne zone) seront rattachés au royaume. Au-delà de cette limite, tous les territoires sont soumis à la souveraineté espagnole.

UNE ÈRE DE PROSPÉRITÉ

L'afflux des marchandises permet le **développement du commerce** et l'émission d'une monnaie de référence en or : le ***cruzado*. Lisbonne s'agrandit**, l'activité d'urbanisme y est remarquable (palais, hôpitaux, maisons d'habitation de 4 ou 5 étages...) et les bords du Tage sont remblayés pour construire des douanes, des entrepôts de stockage et un arsenal. Lisbonne devient le principal **centre de la cartographie** et de la fabrication d'instruments maritimes.

UN INÉVITABLE DÉCLIN

Le Portugal est maître du commerce le plus étendu du monde, mais la population locale peine à fournir gouverneurs, soldats, marins et colons pour administrer et contrôler les terres conquises. À la fin du XVIe s., la faillite de la **Casa das Indias** (Compagnie nationale de commerce) et la désastreuse **croisade** de Sebastião contre les Maures marquent la **ruine de l'Empire**. L'Espagne en profite pour annexer son rival pendant quatre-vingts ans.

Le style manuélin

C'est sous le règne de Manuel Ier (1495-1521) que les routes des Indes et du Brésil sont ouvertes. Le roi attire des talents de toute l'Europe et encourage tous les arts. Le style manuélin se caractérise par des symboles maritimes : sphère armillaire et croix de l'ordre du Christ, cordages, ancres, coquillages, végétaux et animaux exotiques.

15 Campo Grande, LUMIAR ET MONSANTO

Si vous avez épuisé tous les musées du centre, en route pour les quartiers nord de Lisbonne ! Campo Grande et Lumiar ont de beaux musées (faciles d'accès en métro) bien qu'un peu noyés au milieu des tours et des axes routiers... Le parc forestier de Monsanto, poumon vert de la ville, abrite une délicieuse *quinta* qui émerveillera les amoureux des vieilles demeures.

❶ MUSEU DE LISBOA*

C'est au sein du beau palais Pimenta (XVIIIe s.) que le **musée de la Ville** a déposé ses collections de tableaux, de maquettes, d'azulejos... pour conter l'histoire de Lisbonne de la préhistoire au XIXe s. Et, surprise, dans le parc se cachent abeilles, grenouilles et chats en céramique du sculpteur Bordalo Pinheiro.

Parc du Museu de Lisboa

Campo Grande, 245 • ☎ 217 513 200 • www.museudelisboa.pt • Mar.-dim. 10h-18h ; f. 1er janv., 1er mai et 25 déc. • Entrée : 3 € ; gratuite dim. 10h-13h.

❷ MUSEU BORDALO PINHEIRO*

Artiste prolifique hors norme, Rafael Bordalo Pinheiro (1846-1925) a laissé derrière lui d'innombrables dessins et peintures passant au crible la société portugaise du XIXe s. et du début du XXe s, ce qui a fait de lui le caricaturiste le plus célèbre du pays. Zé Povinho, son fameux personnage, le M. Tout-le-Monde portugais, est le plus populaire. Pinheiro est aussi connu pour ses étonnantes céramiques.

Campo Grande, 382 • ☎ 215 818 544 • museubordalopinheiro.cm-lisboa.pt • Mar.-dim. 10h-18h • Entrée : 3 € ; gratuite dim. 10h-13h.

❸ Pause en plein air au Café Concerto

Cube design posé au milieu du Jardim do Campo Grande, le Café Concerto permet de siroter un *bica* (0,60 €) confortablement installé en terrasse en profitant de la fraîcheur du parc. À l'heure du déjeuner, de belles assiettes font leur apparition : pommes de terre en robe des champs, croquettes et risotto, desserts en verrine ou crêpe gourmande... Un joli choix et des plats bien présentés dans une ambiance décontractée.

Jardim do Campo Grande • ☎ 217 580 037 • Facebook : Cafe Concerto • Lun.-sam. 10h-18h • Plats : 5,90-7,65 €.

Palácio dos Marqueses de Fronteira

❹ MUSEU NACIONAL DO TRAJE E DA MODA**

Le chemin n'est pas des plus agréables, mais quel bonheur une fois sur place ! À l'orée du parc Monteiro-Mor, un élégant palais du XVIIIe s. abrite le **musée du Costume et de la Mode.** Les collections des XVIIIe et XIXe s. comprennent des robes à crinoline et des costumes de cérémonie de la noblesse portugaise.

Largo Júlio de Castilho • ☎ 217 567 620 • www.museudotraje.gov.pt • Mar. 14h-18h, mer.-dim. 10h-18h ; f. 1er janv., dim. de Pâques, 1er mai, 13 juin et 25 déc. • Entrée : 4 € ; parc de Monteiro-Mor : 3 € ; billet combiné Museu Nacional do Teatro, Museu Nacional do Traje et Parque do Monteiro-Mor : 6 €.

❺ MUSEU NACIONAL DO TEATRO E DA DANÇA*

Le Palácio do Monteiro-Mor, qui abrite le **musée national du Théâtre et de la Danse,** vous invite en coulisses : costumes et accessoires de scène, affiches, photographies, figurines, théâtres miniatures, dessins, portraits et caricatures... Après cette plongée dans les arts du spectacle, flânez dans les agréables **jardins** du palais ou faites une pause à la cafétéria.

Estrada do Lumiar, 10 • ☎ 217 567 410 • www.museudoteatroedanca.pt • Mar.-dim. 10h-18h ; f. 1er janv., dim. de Pâques, 1er mai, 13 juin, 24 et 25 déc. • Entrée : 4 € ; billet combiné Museu Nacional do Teatro, Museu Nacional do Traje et Parque Bôtanico Monteiro-Mor : 6 €.

❻ JARDIM ZOOLÓGICO**

On peut y observer plus de 2 000 animaux de tous les continents et profiter de nombreuses attractions et spectacles : shows de dauphins, nourrissage des otaries et des pélicans, ferme pour les enfants, promenade en téléphérique ou en train (payant), présentation de reptiles... La première zone du parc, gratuite et accessible à tous, est un excellent point de chute pour une halte familiale : snacks, aires de jeux, manèges (payants), ainsi que quelques canards et un paon en liberté devraient distraire les enfants.

Estrada de Benfica, 158 • ☎ 217 232 900 • www.zoo.pt • 21 mars-20 sept. : t.l.j. 10h-20h ; 21 sept.-20 mars : t.l.j. 10h-18h • Entrée : 20,50 € ; 3-12 ans : 14,50 €.

❼ MUSEU NACIONAL DA MÚSICA★

Des clavecins et des guitares portugaises traditionnelles composent cette collection d'instruments de musique du XVIe au XXe s. Des raretés, des curiosités et des pièces originales, comme ce piano apporté de France par Liszt, ces flûtes en cristal ou ce mélophone du XVIIIe s.

Rua João de Freitas Branco • ☎ 217 710 990 • www.museunacionaldamusica.gov.pt • Lun.-sam. 10h-18h ; f. 1er janv., dim. de Pâques, 1er mai, 13 juin, 24 et 25 déc. • Entrée : 3 €.

❽ PALÁCIO DOS MARQUESES DE FRONTEIRA★★

Située dans le parc de Monsanto, cette *quinta* du XVIIe s. est l'une des plus belles du Portugal. Jalonné de bassins, de sculptures et de compositions d'azulejos exceptionnelles, le parc est enchanteur. Parcourez la **galerie des Rois,** la **Casa do Fresco** et la terrasse, puis le palais et sa superbe **salle des Batailles** tapissée d'azulejos illustrant les grandes victoires du Portugal. La *quinta* est habitée par les descendants du fondateur, dom João Mascarenhas, premier marquis de Fronteira.

Largo de São Domingos de Benfica, 1, Bus 770 depuis le M° Jardim Zoológico ou taxi (conseillé) • ☎ 217 782 023 • www.fronteira-alorna.pt • Visites guidées : juin-sept. lun.-sam. 10h30, 11h, 11h30 et 12h ; oct.-mai lun.-sam. 11h et 12h • Entrée : 7,50 € ; jardin : 3 €.

Retiros et quintas

Autrefois, la ville était entourée de *retiros* et de *quintas*, deux symboles de l'art de vivre à la portugaise. Le *retiro* est une belle maison toute proche de la ville mais suffisamment en retrait pour qu'on y séjourne en paix, à l'image du **Palácio Pimenta** (Museu de Lisboa, voir p. 96) ou du **Palácio do Monteiro-Mor** (Museu Nacional do Teatro et da Dança, voir p. 98). La *quinta*, elle, est une grande demeure dotée d'une vaste propriété agricole. Véritable villa pourvue de jardins d'agrément qui s'ajoutent aux terres cultivables, elle ressemble plus souvent à un petit palais qu'à une ferme ! Le plus bel exemple ? Le **Palácio dos Marqueses de Fronteira** (voir ci-dessus).

16 Parque das Nações

Bars &clubs p. 161

Le parc des Nations, site de l'Exposition universelle de 1998, a réussi avec brio la reconversion en espace de loisirs de l'ex-quartier industriel Xabregas. Entre architecture design et œuvres d'art contemporain en plein air, fontaines et jardins rafraîchissants, terrasses au bord de l'eau, activités nautiques et attractions pour petits et grands (l'aquarium est un must), c'est la balade du week-end pour bon nombre de Lisboètes !

1 PARQUE DAS NAÇÕES***

Dédié au thème de l'océan, le site de l'Exposition universelle de 1998 se déploie tout en lignes courbes et blanches. Promenez-vous et admirez le **Pavilhão Atlantico,** le grand auditorium de Lisbonne aux airs de soucoupe volante, et le **Pavilhão de Portugal** d'Álvaro Siza Vieira, évoquant une feuille de papier posée sur deux briques. Les enfants vont adorer les volcans d'eau de la **Alameda dos Oceanos** et les jeux d'eau des **jardins d'Água.** Face aux **jardins Garcia de Orta,** qui proposent une promenade exotique dans les anciennes colonies portugaises, la **rua da Pimenta** aligne cafés et restaurants.

T.l.j. 24h/24 • Entrée gratuite.

❷ ESTAÇÃO DO ORIENTE***

Métro, bus et trains desservent la gare monumentale conçue par l'architecte Santiago Calatrava. Dès la descente du métro, la fresque d'azulejos façon pop art de l'Islandais Erró vous plonge dans l'univers marin entre sirènes musclées, pieuvres tentaculaires et tragédie du *Titanic*. En sortant, retournez-vous sur l'architecture spectaculaire de verre et d'acier de la façade, tout droit sortie d'un roman de science-fiction.

Av. Dom João II.

❸ CENTRO VASCO DA GAMA**

Inauguré en 1999, c'est le plus design des centres commerciaux lisboètes. Avec ses 170 boutiques réparties sur 46 000 m^2 et ses 15 millions de visiteurs par an, il symbolise la réussite de la reconversion de cette partie de la ville.

Av. Dom João II • ☎ 218 930 600 • www.centrovascodagama.pt • T.l.j. 9h-minuit.

❹ PAVILHÃO DO CONHECIMENTO***

Un musée moderne, interactif et ludique pour petits et grands. Dans l'**Exploratorium,** capturez

Estação do Oriente

votre ombre et manipulez une tornade ! Les enfants pourront s'amuser avec un lit de fakir, une voiture à roues carrées et des jeux pour comprendre les phénomènes scientifiques.

Alameda dos Oceanos • ☎ 218 917 100 • www.pavconhecimento.pt • Mar.-ven. 10h-18h, sam.-dim. et j.f. 11h-19h • Entrée : 9 € ; 3-6 ans 5 € ; 7-17 ans 6 €.

Oceanário

❺ OCEANÁRIO***

L'Oceanário est l'un des plus grands aquariums d'Europe. Un bassin central et quatre bassins latéraux illustrent les habitats côtiers et sous-marins des océans Indien, Pacifique, Atlantique et Antarctique. Observez l'incroyable poisson-lune et les étonnants dragons de mer !

Esplanada Dom Carlos I • ☎ 218 917 002 • www.oceanario.pt • T.l.j. 10h-20h (18h en hiver) • Entrée : exposition permamente 15 € (4-12 ans 10 €) ; expositions permamente et temporaire 18 € (4-12 ans 12 €).

❻ TELECABINE LISBOA**

Pour une vue épatante sur le Tage, le pont Vasco-da-Gama et le parc des Nations, offrez-vous une balade dans les airs à bord de cette télécabine à 30 m au-dessus de l'eau. Elle longe les quais sur plus de 1 km (8-12 min), de l'Oceanário à la tour Vasco-da-Gama.

Télécabine du Parque das Nações

7 Pause au bord du Tage à la República da Cerveja

Dans ce quartier très prisé des franchises, República da Cerveja n'échappe pas à la règle. Mais avec sa grande salle et sa terrasse au bord du Tage, l'établissement est l'un des meilleurs endroits du quartier. Sa carte variée propose aussi bien des burgers que des poissons grillés (env. 13,50 €), à déguster avec une bière (3,30-5,50 €), la spécialité de la maison. Les familles apprécieront les trois menus enfant à 5,50€.

Jardim das Tágides, Parque das Nações • ☎ 218 922 590 • Facebook : República da Cerveja • T.l.j. 12h30-1h • Menus : 18-37,50 €.

Passeio de Neptuno (station S) ou passeio das Tagides (station N)
• ☎ 218 956 143
• www.telecabinelisboa.pt
• Mi-mars à mai et mi-sept. à oct. : t.l.j. 11h-19h ; juin à mi-sept. : t.l.j. 10h30-20h ; nov. à mi-mars : t.l.j. 11h-18h
• Entrée : 3,95 € aller, 5,90 € A/R ; 7-12 ans 2 € aller, 3,35 € A/R.

8 PONTE VASCO DA GAMA**

Ce pont sur le Tage relie la partie orientale de Lisbonne à la localité de Montijo, au sud-est. Inauguré en 1998, il a permis de résoudre une grande partie des problèmes de circulation entre le nord et le sud du pays. Avec le tunnel sous la Manche, c'est l'un des plus grands projets de génie civil de la fin du XXe s. : pas moins de 18 km (dont dix au-dessus du fleuve) et six voies de circulation ! La technique est celle du pont de Normandie : un pont à haubans avec une travée centrale de 420 m soutenue par deux pylônes de 150 m de hauteur.

17 Sintra ET QUELUZ

Restos & bistrots p. 138

COMMENT Y ALLER ? VOIR CARNET PRATIQUE P. 196

À une demi-heure de Lisbonne, Sintra est encore le « glorieux Éden » romantique décrit par Lord Byron. On comprend que la famille royale et la Cour y aient élu domicile et que les poètes et les écrivains du XIXe siècle soient venus y chercher l'inspiration… Entre Lisbonne et Sintra, le palais national de Queluz est une autre splendeur à découvrir.

❶ PALÁCIO NACIONAL DE SINTRA★★★

Ancienne résidence principale de la Cour, ce château unique en son genre devint le palais d'été préféré des souverains portugais. C'est ici notamment que le roi Afonso VI fut emprisonné dans l'une des chambres du palais de 1674 à 1683,

Sala dos Cisnes, Palácio Nacional de Sintra

à la suite de sa destitution par son propre frère, qui s'empara de son royaume... et de sa femme.

Un palais patchwork

Du XIIIe au XVIe s., chaque monarque apposa sa marque et fit du palais un patchwork de styles étonnant : forteresse médiévale sous Dinis Ier au XIIIe s., une façade gothique au XIVe s. sous João Ier, et une superbe Alhambra noyée dans la végétation luxuriante avec Manuel Ier au début du XVIe s. !

Sala Árabe

Après la visite de la salle des Archers et des cuisines, pénétrez dans l'univers mauresque de Manuel Ier. Au centre de la **Salle arabe,** des tritons et des chevaux convoitent un bassin très oriental.

Sala dos Brasões

La **salle des Blasons** (XVIe s.) est recouverte d'azulejos bleus représentant des scènes de chasse, de danse et des figures mythologiques. Son plafond octogonal est décoré des blasons de grandes familles du Portugal.

Sala das Pegas

La **salle des Pies,** ancienne salle de lecture, est une illustration sarcastique de João Ier faisant référence aux cancans incessants des dames de la Cour. Vous ne serez donc pas surpris de voir des pies au plafond !

Pátio Central

Le **patio central,** avec sa fontaine entourée de plantes vertes et ses azulejos émaillés, est digne de ceux de Grenade ou de Séville.

La Sala dos Cisnes

La **salle des Cygnes,** autrefois réservée aux banquets, est la plus vaste du palais. Elle a conservé son plafond grandiose peint de cygnes à couronne royale (XVIIe s.).
Praça da República, largo Rainha Dona Amélia • ☎ 219 237 300 • www.parquesdesintra.pt • Avr.-oct. : t.l.j. 9h30-19h ; nov.-mars : t.l.j. 9h30-18h ; f. 1er janv. et 25 déc. • Entrée : avr.-oct. 10 € ; nov.-mars 8,50 €.

Palácio Nacional da Pena

❷ NEWS MUSEUM★★

Le dernier-né des musées de Sintra est dédié à l'actualité et au journalisme. Créé par Luís Paixão Martins, ancien journaliste et expert en communication publique, ce musée interactif permet au visiteur de présenter le journal face caméra avec un prompteur, d'enfiler un casque de réalité virtuelle pour plonger dans un monde parallèle, de remonter le temps en admirant les couvertures de newsmagazines les plus emblématiques, ou encore de prendre place dans un studio radio. Un musée ludique et passionnant !

Rua Visconde de Monserrate, 26 • ☎ 210 126 600 • www.newsmuseum.pt • Avr.-sept. : t.l.j. 9h30-19h ; oct.-mars : t.l.j. 9h30-18h ; f. 25 déc. • Entrée : 8 €.

❸ PALÁCIO NACIONAL DA PENA★★★

Perché sur un piton de la serra de Sintra, le **palais de Pena** (XIXe s.) rappelle les châteaux féeriques de Louis II de Bavière. On le doit au prince Ferdinand de Saxe-Cobourg-Gotha, époux de la reine Maria II. Son architecture fantaisiste est un pastiche de styles. Une promenade dans le parc à flanc de colline est l'occasion de découvrir la vallée des lacs, une ferme, la grotte du moine, des pavillons, des sources d'eau ainsi que de superbes panoramas sur les environs.

Parque da Pena • ☎ 219 237 300 • www.parquesdesintra.pt • **Palais** : avr.-oct., t.l.j. 9h45-19h ; nov.-mars, t.l.j. 10h-18h • **Parc** : avr.-oct., t.l.j. 9h30-20h ; nov.-mars, t.l.j. 10h-18h. Horaires variables, se renseigner avant • Entrée : palais et parc 14 € (avr.-oct.) ou 11,50 € (nov.-mars) ; parc seul 7,50 € (avr.-oct.) ou 6,50 € (nov.-mars).

❹ CASTELO DOS MOUROS★

Du **château des Maures** du IXe s., au nord du parc de Pena, il ne reste que les ruines d'une muraille restaurée à la fin du XIXe s. Si vous avez le courage d'y grimper

(10 min à pied de la billetterie), vous serez récompensé par un sublime panorama sur Sintra et la serra.

Estrada da Pena • ☎ 219 237 300 • www.parquesdesintra.pt • Avr.-oct.: t.l.j. 9h30-20h; nov.-mars: t.l.j. 10h-18h • Entrée (billetterie sur le parking): 8 € (avr.-oct.) ou 6,50 € (nov.-mars).

❺ QUINTA DA REGALEIRA**

La visite de Sintra ne serait pas complète sans la délirante Quinta da Regaleira. Ce palais néomanuélin est un parcours initiatique s'inspirant de la symbolique maçonnique.

Rua Barbosa du Bocage • ☎ 219 106 650 • www.regaleira.pt • Avr.-sept.: t.l.j. 9h30h-20h; oct.-mars: t.l.j. 9h30-18h; f. 24 et 25 déc. • Entrée: 6 €; visite guidée (2 h; sur résa) 12 €.

❼ PALÁCIO NACIONAL DE QUELUZ**

Ce palais construit pour la reine Maria Ire (1777-1816) est un feu d'artifice d'azulejos. Son architecture d'inspiration italienne lui donne des faux airs de château de Versailles, jardins à la française compris. L'intérieur du palais est saisissant de dorures, de décorations baroques, la **salle du Trône** étant la plus spectaculaire. Ne manquez pas le **canal** bordé d'azulejos sur lequel aimaient naviguer les membres de la famille royale.

Largo Palácio de Queluz, Queluz • ☎ 219 237 300 • www.parquesdesintra.pt • Avr.-oct.: t.l.j. 9h-19h; nov.-mars: t.l.j. 10h-18h • Entrée: palais et jardins 10 € (avr.-oct.) ou 8 € (nov.-mars).

❻ Pause tradition à la Fábrica das Verdadeiras Queijadas da Sapa

À déguster sur place (0,85 €) ou à emporter dans son emballage typique, la *queijada*, petite tartelette au fromage et aux amandes, tendre et croustillante à la fois, est la pâtisserie star de la maison. Autres spécialités: des petits flans à l'orange et des variantes des *pastéis de nata*. Ne manquez pas la jolie arrière-salle et sa fenêtre ouverte sur la vallée pour un superbe point de vue.

Volta do Duche, 12, Sintra • ☎ 219 230 493 • Facebook: Fábrica das Verdadeiras Queijadas da Sapa • Lun.-ven. 9h30-18h, sam.-dim. et j.f. 9h30-19h.

18 La Costa do Sol et LA RIVE SUD DU TAGE

Restos & bistrots p. 139 | Bars, clubs & sorties p. 161

COMMENT Y ALLER ? VOIR CARNET PRATIQUE P. 197

Envie de lézarder sur le sable ou de prendre un bain vivifiant dans les eaux de l'Atlantique ? Grâce au train du littoral, les plages de la Costa do Sol sont à portée de Lisbonne ! L'occasion d'explorer la riviera, curieux mélange de cités balnéaires chic, de banlieues résidentielles et de fortifications datant du XVIIe siècle. Un splendide panorama sur Lisbonne vous attend sur l'autre rive du Tage, avec d'autres plages autour de Costa da Caparica.

1 PRAIA DOS CARCAVELOS*

À 20 min en train de la gare de Cais do Sodré, cette longue plage de sable doré est la plus facile d'accès depuis Lisbonne. Revers de la médaille, c'est aussi l'une des plus courues en été. Au programme, bronzette et farniente (location de transats et de parasols), sports de plage et plaisirs de la glisse : kayak de mer, kite-surf et surf. Bars et restaurants en bordure de plage.

❷ ESTORIL**

La réputation d'Estoril remonte aux années 1930. Tout le beau monde de l'époque s'y retrouvait en villégiature. Dans les années 1940, les têtes couronnées d'Europe s'y réfugièrent dans un exil doré : Umberto II d'Italie, Carol II de Roumanie, le comte de Paris, etc. Après guerre, le faste de la riviera attira les stars du grand écran : Rita Hayworth, Orson Wells, Grace Kelly... Aujourd'hui, Estoril reste un rendez-vous mondain. Beaucoup de familles aristocratiques et de personnalités du show-biz y ont encore une villa et se retrouvent pour le Grand Prix de formule 1, sur les terrains de golf ou au plus grand **casino** d'Europe (☎ 214 667 700, www.casino-estoril.pt, t.l.j. 15h-3h). Pour un bon bol d'air, suivez le chemin côtier jusqu'à Cascais (env. 2 km).

❸ CASCAIS**

Lieu de villégiature depuis le XIXe s., mais moins guindé qu'Estoril, Cascais a conservé le charme d'un village de pêcheurs avec son petit port et sa criée. Entre farniente sur la plage grande comme un mouchoir de poche et pause glace chez **Santini** (av. Valborn, 28, ☎ 214 833 709, t.l.j. 11h-minuit), filez admirer les trésors indo-portugais du **Palácio dos Condes de Castro Guimarães**

Cascais

(av. Rei Humberto II de Itália, ☎ 214 815 304, mar.-dim. 10h-13h et 14h-17h, entrée : 3 €) ou les œuvres de Paula Rego à la **Casa das Histórias** (voir ci-dessous).

Casa das Histórias

C'est un bâtiment ocre, massif et aveugle, une très belle architecture géométrique pour présenter l'œuvre de Paula Rego (1935). Cette plasticienne formée à Londres et presque inconnue du public français se voit consacrer un musée de son vivant. Au cœur de ses préoccupations, la femme, le corps humain, l'avortement, la vieillesse, les fantasmes de l'enfance, les maltraitances... Si l'accrochage change souvent, les œuvres exposées

Casa das Historias Cascais

sont toujours accompagnées de notices éclairantes.

Av. República, 300 • ☎ 214 826 970 • www.casadashistoriaspaularego.com • Mar.-dim. 10h-18h ; f. 1er mai et 25 déc. • Entrée : 3 €.

❹ PRAIA DO GUINCHO**

Vous pouvez rejoindre la **plage de Guincho** par une piste cyclable en louant un vélo gratuitement à la gare de Cascais (voir p. 197). En chemin, la **Boca do Inferno** forme un gouffre spectaculaire où l'eau vient se fracasser sur la roche par jour de tempête. Balayée par les vents, la plage de Guincho, célèbre pour ses rouleaux impressionnants, attire surfeurs et véliplanchistes du monde entier. À défaut de se jeter à l'eau (la baignade est dangereuse), c'est un spot idéal pour observer l'Atlantique rugissant.

❺ CABO DA ROCA**

« Onde a terra acaba e o mar começa » (« Où finit la terre et commence la mer. »), selon Luís de Camões. Le **cap da Roca,** point le plus à l'ouest du continent européen, est un bout de lande rappelant la Bretagne : une végétation d'ajoncs battue par les vents et les rouleaux de l'Océan qui se brisent sur les rochers. Seul le phare témoigne depuis 1772 du passage des hommes sur ces terres désolées. On se sent vraiment au bout du monde.

Cristo Rei

❻ Pause au bout du monde à Ponto Final

Qui pourrait croire que l'une des plus belles terrasses de Lisbonne se cache au milieu de ces docks désaffectés ? Au bord de l'eau, embrassant Lisbonne et le pont du 25-Avril, Ponto Final accueille les gourmets qui ont emprunté le bac pour une balade à l'écart du brouhaha. Et voici la récompense : un restaurant, ambiance « bout du monde », qui propose poissons grillés, soupe de requin, riz aux fruits de mer et viandes rôties. Une carte authentique, des plats simples et des prix corrects.

Rua do Ginjal, 72, Almada • ☎ 212 760 743 • Mer.-lun. 12h-23h • Menu : 12-20 € (vin compris).

❼ CRISTO REI*

Copie de la statue du Christ du Corcovado à Rio de Janeiro, le Cristo Rei trône à l'embouchure du Tage. Construit en 1959, il est perché sur l'une des plus hautes collines de la rive gauche, sur un piédestal de 80 m. Un ascenseur permet d'accéder à sa terrasse panoramique. La vue sur la ville y est splendide !

Almada, bac Cais do Sodré-Cacilhas/ Almada, puis bus 101, arrêt Cristo Rei • ☎ 212 751 000 • www.cristorei.pt • 1er-14 juil. et 1er-21 sept. : t.l.j. 9h30-18h45 ; 15 juil.-31 août : t.l.j. 9h30-19h30 ; 21 sept.-30 juin : t.l.j. 9h30-18h • Entrée : 6 € (8-12 ans 2,50 €).

❽ LES PLAGES DE COSTA DA CAPARICA**

Point de chute de nombreux Lisboètes en période estivale, Costa da Caparica étend ses interminables plages qu'un petit train relie entre elles sur 10 km. Une ambiance familiale, beaucoup de surfeurs et de nombreuses petites terrasses où siroter une boisson fraîche ou déguster quelques fruits de mer, spécialité locale.

Restos & bistrots

PAR QUARTIER

Les coups de cœur DE NOTRE AUTEUR 2018

Cuisine traditionnelle, créative, moderne ou généreuse, Lisbonne regorge de lieux sympas qui invitent à la dégustation. Parmi tous ceux que notre auteur a testés, voici ses adresses préférées :

CAIS NA PREGUIÇA

La douce Fernanda me régale toujours avec ses petits plats portugais ultra-frais. Voir p. 48.

PONTO FINAL

Inattendue, cette terrasse au bord du Tage, face au pont du 25-Avril et à la ville, offre une cuisine simple dans un décor de carte postale. Voir p. 111.

MERCEARIA DO SÉCULO

Pour mes humeurs *healthy* : une petite cantine végétarienne et sa terrasse sympa. Voir p. 122.

Mercearia do Século

Ponto Final

THE FOOD TEMPLE

Ma boulangerie bobo de repli si je suis en manque de croissant frais. Voir p. 129.

CAFETARIA VILLAGE

Mignon, simple et bon, mon adresse fétiche pour savourer une cuisine 100 % lisboète. Voir p. 133.

À SAVOIR

OÙ MANGER ?

Pour les petits prix, on va dans une ***tasca*** ou une ***casa de pasto,*** petit restaurant populaire proposant une cuisine familiale, roborative et bon marché. Tendance du moment, la ***taberna*** traditionnelle revisitée par de jeunes chefs joue aussi la carte des bons petits plats à prix doux, mais dans un décor plus stylé. Bières, poissons et fruits de mer sont au menu des ***cervejarias*** (brasseries) et ***marisqueiras,*** tandis que la ***churrasqueira*** est spécialisée dans les viandes grillées. Enfin, on pourra goûter à toutes les cuisines des anciennes colonies portugaises (Cap-Vert, Mozambique, Brésil, Macao...) ou à la cuisine fusion de chefs créatifs.

EN PRATIQUE

Attention, les ***petiscos*** (des amuse-gueules servis en début de repas sans que vous les ayez commandés), le pain et le beurre, et parfois le couvert *(coperto),* sont facturés, de même que l'eau, toujours servie en bouteille. Refusez tout de suite ce que vous ne voulez pas consommer car ce sont autant d'éléments qui viendront gonfler l'**addition.** Le service étant compris, le **pourboire** est facultatif, mais bienvenu. Les cartes bancaires ne sont pas toujours acceptées.

LES BONS PLANS

Dans les petits établissements populaires, les portions sont abondantes (petits appétits, prudence... !), mais vous pouvez demander une ***meia dose*** (demi-portion) ou **partager un plat à deux** *(dose),* cela se fait au Portugal. De la petite à la grande table, les tarifs sont plus intéressants le midi que le soir. Le plat du jour *(prato do dia)* et le menu du jour (*ementa* ou *menu do dia*) sont les formules les plus avantageuses. Enfin, cafés et pâtisseries proposent souvent des plats salés bon marché au déjeuner.

SE REPÉRER

Chaque adresse de restaurant est associée à une pastille orange numérotée.
Vous retrouverez toutes les adresses positionnées sur le plan détachable.

Restos & bistrots
PAR QUARTIER

La Baixa, autour de la praça do Comércio (quartier 1 - p. 24)

FÁBRICA LISBOA
Café-boulangerie ① Plan E4

Débordant d'objets rétro, ce petit café-boulangerie attire les jeunes bobos du quartier avec ses croissants frais en version sucrée ou salée : compote, Nutella, jambon et fromage, saumon... Également au menu, des soupes traditionnelles portugaises, des sandwichs au pain rustique, des tartines, des quiches et des salades. Sans oublier les viennoiseries, pâtisseries et cheesecakes maison pour le goûter.

Rua da Madalena, 121, M° Rossio ou tram 28E, arrêt Largo da Madalena • www.fabricalisboa.com • Mar.-ven. 8h-20h, sam.-dim. 9h-19h • Snack : 1,90-4,70 € ; salade : env. 7,50 €.

Can the Can

CAN THE CAN
Petiscos ② Plan E5

Une ode à la conserve portugaise ! Can the Can a fait le pari de rendre la bonne vieille boîte de sardines trendy en l'intégrant à des plats gourmets. *Muxama de atum* (filets de thon séché, tapenade et zeste d'orange), maquereau mariné au citron et purée de patates douces ou simple tartine de morue... autant de *petiscos* à picorer sous le grand lustre (constitué de 3 000 boîtes de conserves !) ou sur la terrasse. Fado ou DJ certains soirs, et souvenirs portugais côté boutique.

Praça do Comércio, 82/83, M° Terreiro do Paço • ☎ 218 851 392 • www.canthe can.net • T.l.j. 9h-minuit • Plat : 10-18 € ; sandwich : 6,50 €.

VOIR AUSSI :

Café Martinho da Arcada | p. 26 | ③ Plan E4-5

Leão d'Ouro

Le Rossio (quartier 2 - p. 30)

CAFÉ NICOLA
Café littéraire ④ Plan E4

Devant la façade Art nouveau ou dans la salle Art déco, difficile d'imaginer qu'il s'agit de l'un des plus vieux cafés de Lisbonne. Ouvert au XVIIIe s., le prestigieux café littéraire a vu défiler politiciens, artistes et écrivains célèbres. Les prix sont un peu élevés, on peut donc se contenter d'un café pour profiter de la terrasse (1,50 €).

Praça Dom Pedro IV, 24/25, M° Rossio • ☎ 213 460 579 • T.l.j. 8h-minuit • Fado : ven.-sam. 20h30-minuit • Plat : autour de 20 €.

BOM JARDIM
Portugais ⑤ Plan D3

Bienvenue chez le « Rei dos Frangos », le roi des poulets depuis les années 1950 ! Les visiteurs ont fini par se mêler aux habitués de cette table traditionnelle pour déguster à petit prix le poulet rôti au *piri-piri*. Faites comme eux et choisissez la terrasse pour profiter de l'animation ou d'un dîner à la fraîche. Une bonne solution de repli pour échapper aux « menus touristiques » sans saveur du quartier.

Travessa de Santo Antão, 11, M° Restauradores • ☎ 213 427 424 • T.l.j. 12h-23h30 • Demi-poulet : 6,80 €.

LEÃO D'OURO
Portugais ⑥ Plan D3

C'est une institution locale : depuis 1842, les serveurs en livrée virevoltent pour servir les nombreux gastronomes. Aux murs, de superbes azulejos d'époque, et dans les assiettes, des plats raffinés typiques de la gastronomie lisboète. Mention spéciale pour les rillettes de thon à l'ail servies

comme amuse-bouche (1,50 €), et pour la morue grillée à l'ail et à l'huile d'olive (18 €), la spécialité de la maison. Des plats généreux, une présentation irréprochable, mais parfois un peu d'attente.
Rua 1° de Dezembro, 105, M° Restauradores • ☎ 213 426 195 • www.restauranteleaodouro.com.pt • T.l.j. 12h-23h.

GAMBRINUS
Poissons et fruits de mer
⑦ Plan E3

Gambrinus est depuis 1936 l'un des meilleurs restaurants de poisson et de fruits de mer de la capitale. Une institution haut de gamme où s'attablent les célébrités. La *sopa rica de peixe*, une soupe de la mer servie le mercredi (32 €/2 pers.), fait partie des musts. L'option snack au comptoir est moins onéreuse.
Rua das Portas de Santo Antão, 23, M° Restauradores • ☎ 213 421 466 • www.gambrinuslisboa.com • T.l.j. 12h-1h30 • Plat : 25-50 € • Résa conseillée.

BASTARDO
Portugais moderne
⑧ Plan E4

Caché au premier étage de l'Internacional Design Hotel, Bastardo séduit aussi bien par sa déco pétillante et sa vue sur la place du Rossio que par sa cuisine portugaise twistée par le chef Luís Rodrigues : morue aux pois carrés, cœur de chou et cacahuètes, sardines frites aux tomates et basilic, ceviche de morue aux algues *wakame* (11 €), patate douce et limonade...
Rua da Betesga, 3, M° Rossio • ☎ 213 240 993 • www.restaurantebastardo.com • T.l.j. 7h-minuit • Plat : 8-17 € ; menu du jour : 15 € • Résa conseillée.

VOIR AUSSI :

Confeitaria Nacional | p. 33 | ⑨ Plan E4

Quelques spécialités

Parmi les grands classiques, on trouve le *bife à portuguesa* (steak au porto), le *porco à alentajana* (porc aux palourdes), l'*arroz de mariscos* (riz aux fruits de mer), le *cozido à portuguesa* (pot-au-feu), la *feijoada* (haricots rouges ou blancs accompagnés de *chouriço*) ou l'*açorda de marisco* (purée de poisson). Goûtez aux soupes comme le *caldo verde* (soupe aux choux et *chouriço*) ou la *caldeirada* (soupe du pêcheur). Et puis régalez-vous d'une ribambelle de fruits de mer et poissons grillés ou rôtis, fraîchement pêchés dans l'Atlantique ! Les amateurs de viandes préféreront peut-être un *frango* (poulet) grillé à la braise dans une *churrasqueira*.

Le Chiado, autour de l'Igreja do Carmo (quartier 3 – p. 34)

KAFFEEHAUS
Café ⑩ Plan D4

Ce café viennois planté au cœur du Chiado propose une cuisine en continu : soupe du jour (2,40 €), croissant au jambon, salades, tartines garnies, strudel aux pommes, hamburger au speck et tzatziki, plateaux de fromages... Un rendez-vous bohème et un poil intello pour ceux qui aiment bouquiner autour d'un chocolat viennois ou siroter une bière artisanale portugaise.

Kaffeehaus

Rua Anchieta, 3, M° Baixa-Chiado • ☎ 210 956 828 • www.kaffeehaus-lisboa.com • Lun. 12h-16h, mar.-ven. 12h-minuit, sam. 11h-minuit, dim. 11h-20h • Plat : 10,90-16,90 €.

A BRASILEIRA
Café ⑪ Plan D4

Ce café est situé au cœur du quartier natal du poète Fernando Pessoa, qui a d'ailleurs sa statue sur la terrasse. Jusque dans les années 1950, écrivains et artistes en tout genre s'y retrouvaient, avant que les opposants au régime de Salazar ne les remplacent dans les années 1960. Il reste aujourd'hui encore le rendez-vous privilégié des artistes et des habitants du quartier. Tout le charme d'un intérieur Art nouveau et d'une ambiance animée !

Rua Garrett, 120-122 • ☎ 213 469 541 • T.l.j. 8h-2h • Expresso : 0,70 € au comptoir, 1,50 € en terrasse.

FÁBULAS
Café ⑫ Plan D-E4

Pour boire un café bien calé dans un fauteuil, grignoter une tartine gourmande sur une machine à coudre, partager un repas sur une table rustique ou siroter un verre de *vinho verde* (env. 4 €) sur la terrasse...

Calçada Nova de São Francisco, 14, M° Baixa-Chiado • ☎ 216 018 472 • www.fabulas.pt • Lun.-jeu. 11h-minuit, ven.-sam. 11h-1h • Plat : 10-16 €.

CAFÉ NO CHIADO
Café ⑬ Plan D4

Chic et élégant, ce restaurant propose de délicieuses pâtisseries : prenez place en terrasse et goûtez à la tarte au citron meringuée ou au gâteau au chocolat ! Ajoutez-y un petit expresso (1,20 €) et vous voici paré pour continuer la journée !
Largo do Picadeiro, 10-12, M° Baixa-Chiado • ☎ 213 460 501 • www.cafenochiado.com • T.l.j. 10h-2h • Menu midi : 12,50 € ; pâtisserie : env. 3,70 €.

VERTIGO CAFÉ
Café ⑭ Plan D4

Ambiance cosmopolite et bohème dans ce café au parfum rétro. Sur fond de musique des années 1930 ou indé, on opte pour une soupe ou une tartine avec salade, avant de fondre pour un gâteau au chocolat.
Travessa do Carmo, 4, M° Baixa-Chiado • ☎ 213 433 112 • Lun.-sam. 11h-19h • Tartine : 3-5 €.

CONSERVEIRA DA TRINDADE
Portugais ⑮ Plan D4

Ce bar-boutique est grand comme une boîte de sardines et ça tombe bien puisque c'est ce que l'on vous propose de déguster ici. Les meilleures spécialités de conserves (sardines, maquereau, thon...) s'accompagnent de bière, d'excellents vins du Douro ou de gin selon les goûts. Profitez-en pour faire vos provisions.
Rua Nova da Trindade, 11, M° Baixa-Chiado • ☎ 213 461 074 • Facebook : Conserveira da Trindade • T.l.j. 10h30-23h • Menu : 5,50 €, 7 € et 10 €.

CERVEJARIA TRINDADE
Portugais ⑯ Plan D4

Dans le brouhaha de cette immense brasserie historique ouverte depuis 1836 (l'une des premières de Lisbonne), la cuisine portugaise traditionnelle est à l'honneur : poissons, fruits de mer, viandes et sandwichs au bon rapport qualité/prix. Le lieu ne manquera pas de vous étonner puisqu'il s'agit du réfectoire d'un couvent, tout décoré d'azulejos anciens.
Rua Nova da Trindade, 20C, M° Baixa-Chiado • ☎ 213 423 506 • www.cervejariatrindade.pt • Dim.-jeu. 10h-minuit, ven.-sam. 10h-1h • Menu : 16 € et 23 €.

LARGO
Portugais ⑰ Plan D4

Le restaurant de Miguel Castro e Silva, déjà acclamé pour ses prouesses culinaires au Bull & Bear de Porto, a créé la sensation dans le Chiado. Dans le cloître d'un ancien couvent, la déco sophistiquée signée Miguel Câncio Martins étonne avec ses aquariums aux méduses phosphorescentes. Dans l'assiette, des plats portugais élaborés ou classiques, tel le *bacalhau 80° de cura Portuguesa* (morue cuite à 80° C ; 21,50 €).

Rua Serpa Pinto, 10A, M° Baixa-Chiado • ☎ 213 477 225 • www.largo.pt • T.l.j. 12h30-15h et 19h30-minuit • Menu midi : 18 € ; plat : 18,50-24 € • Résa conseillée.

BELCANTO
Portugais moderne
⑱ Plan D4

Ce classique du Chiado des années 1950 a trouvé un second souffle depuis que José Avillez y a posé ses casseroles. Le jeune chef chéri des médias y revisite la cuisine portugaise avec audace et une grande maîtrise technique, flirtant avec la cuisine moléculaire. Côté salle, ambiance intimiste et décontractée en compagnie de la bourgeoisie locale. L'une des meilleures tables de Lisbonne.

Largo de São Carlos, 10, M° Baixa-Chiado • ☎ 213 420 607 • www.belcanto.pt • Mar.-sam. 12h30-15h et 19h-23h • Menu : 125-165 € ; plat : 45 € • Résa conseillée.

CANTINHO DO AVILLEZ
Portugais moderne
⑲ Plan D5

C'est l'une des tables du jeune chef star portugais José Avillez, doublement étoilé pour ses petits miracles culinaires au célèbre Belcanto (voir ci-dessus). Mais la bonne nouvelle, c'est que le « petit coin d'Avillez » est une cantine relax et branchée tout à fait abordable où l'on peut se régaler de plats portugais revisités. Allez-y plutôt au déjeuner.

Rua dos Duques de Bragança, 7, M° Baixa-Chiado, tram 28E, arrêt Rua Vítor Cordon • ☎ 211 992 369 • www.cantinhodoavillez.pt • Lun.-ven. 12h30-15h et 19h-minuit, sam.-dim. 12h30-minuit • Plat : 16,80-21,25 € ; menu : 35-40 € • Résa conseillée.

BUENOS AIRES
Argentin
⑳ Plan D4

Quelques tables dressées à l'extérieur, une vue plongeante sur la Baixa, et à l'intérieur, des boiseries, du mobilier années 1920 et une déco inspirée du fado et du tango. Dans les assiettes, de grosses tartines, des pâtes fraîches, de la viande d'Argentine, des feuilletés d'aubergine… En dessert, le caramel maison sur le fondant au chocolat est succulent.

Calçada do Duque, 31B, M° Rossio ou Restauradores • ☎ 213 420 739 • www.cafebuenosaires.pt • T.l.j. 18h-2h • Plat : 15-18,50 € ; tartine : env. 10 € • Espèces slmt • Résa conseillée.

AQUI HÁ PEIXE
Poissons et fruits de mer
㉑ Plan D4

« Ici il y a du poisson » proclame l'enseigne, et certainement pas celui des fermes d'élevage mais en provenance directe de l'océan. Fraîcheur et cuisson parfaite, c'est l'adresse incontournable du Chiado pour un repas iodé dans une ambiance décontractée. Pour les allergiques au poisson et aux fruits de mer, il y a une option *picanha* brésilienne.

Petiscos EN TOUT GENRE

Pas de séjour à Lisbonne sans déguster ces délicieux petits plats si variés. Servis en hors-d'œuvre, c'est un peu l'équivalent des tapas espagnoles. Ils sont de plus en plus élaborés : curry de crevettes, *pastéis de bacalhau* (beignets de morue), *amêijoas à bulhão pato* (palourdes à l'huile d'olive, coriandre et ail), *croquetes de galinha* (croquettes de poulet), *pãezinhos de queijo* (petits soufflés au fromage), *saladinha de polvo* (salade de poulpe)… L'art de grignoter à la portugaise !

CAN THE CAN

Petiscos trendy dans un temple de la conserve portugaise. Voir p. 115.

ESTRELA DA BICA

Petiscos d'ici et d'ailleurs, ambiance jeune et chaleureuse. Voir p. 124.

PHARMACIA

On déguste des *petiscos* originaux dans le décor d'une ancienne pharmacie. Voir p. 125.

TABERNA DA RUA DAS FLORES

Découverte de *petiscos* aux saveurs de l'Asie dans l'antre d'une ancienne mercerie devenue taverne. Voir p. 125.

CONVERSAFIADA

Cette taverne moderne propose une sélection de *petiscos* traditionnels ou créatifs.
Voir p. 131.

Seul bémol, l'incitation à la consommation, un peu pesante…
Rua da Trindade, 18A, M° Baixa-Chiado • ☎ 213 432 154 • www.aquihapeixe.pt • Mar.-jeu. 12h-15h et 19h30-23h30, ven.-sam. 19h30-23h30 • Plat : 17-22 €.

GELADOS SANTINI
Glacier ㉒ Plan E4

Plus besoin de filer à Cascais pour goûter aux divines glaces de Santini ! Depuis 1949, les saveurs naturelles (plus de 200 parfums) de ces *gelados* font le bonheur de tous : ananas des Açores, melon, fruit de la Passion, nougat…
Rua do Carmo, 9, M° Baixa-Chiado
• ☎ 213 468 431 • www.santini.pt
• T.l.j. 11h-minuit
• Glace : 2,90 €/boule.

VOIR AUSSI :

Organi Chiado | p. 37
| ㉓ Plan E4

Bairro Alto et l'Igreja de São Roque (quartier 4 - p. 38)

LOST IN
Café ㉔ Plan D3

À l'ombre des arbres, une terrasse tendance Bollywood surplombe la ville basse et ménage une belle vue sur le Castelo. Entre fresques murales, lanternes orientales et parasols multicolores, profitez de ce petit coin romantique et paisible pour siroter une limonade maison et grignoter quelques *petiscos* aux parfums d'Orient (3,90-9,80 €). La boutique voisine regorge de superbes tenues et accessoires hindi chic !

Rua Dom Pedro V, 56 (dans l'impasse en face de la rua da Rosa) • ☎ 917 759 282 • Lun. 16h-minuit, mar.-sam. 12h30-minuit • Jazz live : jeu. 21h30-minuit • Espèces slmt.

Lost In

MERCEARIA DO SÉCULO
Portugais sur le pouce
㉕ Plan C3

Poussez la porte de cette adorable épicerie de poche. Vous pourrez y faire vos emplettes de produits portugais (confitures, conserves, vins, bières artisanales...) et vous attabler autour de bons petits plats portugais, mais aussi végétariens ou sans gluten (env. 3,50 €), créés par Fernanda. Et pour la pause de fin d'après-midi, d'appétissants gâteaux maison sous cloche qui font de l'œil aux gourmands.

Rua de Século, 145, bus 702, 758 ou 773, arrêt Príncipe Real • ☎ 216 062 070 • Mar.-mer. 9h-18h, jeu.-sam. 9h-23h • Menu du jour : 10 € (en sem.).

ROSA DA RUA
Portugais traditionnel
㉖ Plan D3

Quand le buffet se la joue chic, cela donne Rosa da Rua, un restaurant chaleureux éclairé de lampes vintage et baigné de musique jazzy. On se sert à volonté de salades, de viandes et de poissons en sauce accompagnés de riz, de pâtes ou de légumes. Rapport qualité/prix imbattable pour le quartier !

Rua da Rosa, 265, bus 202 ou 758, arrêt São Pedro de Alcântara • ☎ 213 432 195 • www.rosadarua.pt • Lun.-sam. 12h-15h et 19h30-23h • Buffet à volonté : 11 € le midi (14 € mer. et sam.) et 13,50 € le soir.

Rosa da Rua

100 MANEIRAS
Gastronomique 27 Plan D3

De la grande cuisine à prix abordable ! Le menu dégustation se renouvelle chaque saison en fonction des produits du marché. Une deuxième adresse, version bistrot : largo da Trindade, 9 (plan D4), lun.-sam. 19h30-2h (cuisine jusqu'à minuit).

Rua do Teixeira, 35, bus 202 ou 758, arrêt Ascensor da Glória • ☎ 910 307 575 • www.100maneiras.com • T.l.j. 19h30-2h (cuisine jusqu'à 23h) • Menu dégustation : 60 € • Résa conseillée.

SUL
Viande 28 Plan D4

Pas de doute, ils savent cuire la viande, en témoigne le délicieux filet de bœuf saignant d'Uruguay. La carte du chef argentin fait aussi d'heureux mélanges et des détours par l'Italie avec le risotto, mais la grande spécialité reste la pierrade (bœuf, porc ibérique). Une adresse sympathique.

Rua do Norte, 13, M° Baixa-Chiado ou tram 28E, arrêt Praça Luís de Camões • ☎ 213 462 449 • Dim.-ven. 19h30-2h, sam. 13h-2h • Grillade, pierrade : 15-30 €.

A CEVICHERIA
Amérique du Sud 29 Plan C3

C'est un poulpe géant aux tentacules déployées qui vous accueille dans ce petit restaurant branché et animé. Spécialisé dans la cuisine sud-américaine et plus particulièrement les tapas péruviennes, l'établissement propose de rafraîchissants ceviches (poisson cru mariné dans du jus de citron) arrosés de pisco sour, un cocktail péruvien typique d'où provient, probablement, la bonne humeur qui règne ici !

Rua Dom Pedro V, 129, bus 202, 758 ou 773, arrêt Príncipe Real • ☎ 218 038 815 • Facebook : A Cevicheria • T.l.j. 12h30-minuit • Plat : 6,70-14,70 € ; menu dégustation (6 plats) : 35 €.

LA PAPARRUCHA
Argentin et portugais
30 Plan I7

Avec ses spécialités de viandes grillées venant de Patagonie et son immense baie vitrée à la vue exceptionnelle, ce restaurant

argentin est l'un des endroits les plus courus de la capitale. Buffet de mets portugais.
Rua Dom Pedro V, 18/20, M° Restauradores, puis Ascensor da Glória et bus 758, arrêt São Pedro de Alcântara • ☎ 213 425 333 • www.lapaparrucha.com • Lun.-ven. 12h-23h30, sam.-dim. 12h30-23h30 • Menu : 35 € ; buffet midi (lun.-ven. sf j.f.) : 12,50 €.

PASTELARIA SÃO ROQUE
Pâtisserie ㉛ Plan D3

Des mamies se régalent ici de *pastéis* (0,90 €), assises dans une rotonde début XXᵉ s., entre colonnes de marbre, bas-reliefs et azulejos... Un lieu attachant et populaire sans la prétention pincée des pâtisseries « historiques ».
Rua Dom Pedro V, 57, M° Restauradores, puis Ascensor da Glória et bus 202 ou 758, arrêt São Pedro de Alcântara • ☎ 213 224 356 • T.l.j. 7h-minuit.

Les fameux *pastéis de nata*

Ces petits flans crémeux, lovés dans une coque en pâte feuilletée, sont à consommer partout, servis tièdes et saupoudrés de cannelle. Une véritable institution à Lisbonne, autant que le sont les tramways, la morue ou le fado ! Il faudra aussi goûter aux douceurs de couvent comme le *toucinho do céu* (le « lard du ciel », pâtisserie aux amandes) ainsi qu'aux deux grandes spécialités de Sintra que sont les *queijadas* (tartelettes au fromage blanc) et les *travesseiros* (feuilletés aux amandes).

VOIR AUSSI :

Manteigaria | p. 39
| ㉜ Plan D4

Cais do Sodré et Bica (quartier 5 - p. 42)

ESTRELA DA BICA
Petiscos ㉝ Plan D4

Une adresse sympa et pas chère très prisée des jeunes Lisboètes. Entre murs carrelés bleu ciel et mobilier dépareillé, cette cantine bohème distille *petiscos* et petits plats d'ici et d'ailleurs à prix doux : champignons sautés et tomates séchées, *tataki* de thon et chips de lotus ou *dim sum* du jour.
Travessa do Cabral, 33, tram 25E, arrêt Bica • ☎ 213 473 310 • Facebook : Estrela da Bica • Mar.-sam. 19h30-1h, dim. 18h30-23h • Plat : autour de 11 € ; *petiscos* : 5,50-10 € • Espèces slmt.

PAP'AÇÔRDA
Portugais ㉞ Plan D5

Malgré un décor un peu froid et passé, le Pap'Açôrda demeure un classique pour la cuisine

portugaise. Parmi les nombreux plats proposés, goûtez la spécialité : l'*açorda* (18-32 €), une sorte de soupe à base de pain, d'oignons, de coriandre, d'œufs et de fruits de mer ou de poisson. Délicieux !
Av. 24 de Julho, 49 (Mercado da Ribeira, 1er ét.), M° Cais do Sodré, tram 25E, arrêt rua de São Paulo • ☎ 213 464 811 • Facebook : Pap'Açôrda Mar.-mer. et dim. 12h-minuit, jeu.-sam. 12h-2h • Plat : 12-35 €.

PHARMACIA
Portugais ㉟ **Plan C4**

Serveurs en blouse blanche et vitrines remplies de vieux flacons donnent le ton de ce restaurant décalé avec son décor d'officine vitaminée. Voisin du musée de la Pharmacie (l'entrée se situe en face du Miradouro Santa Catarina), on y picore *petiscos* et plats portugais plutôt classiques. On y prescrit Paracetamol, Ibuprofeno, Placebo (8 €)... des cocktails corsés !
Rua Marechal Saldanha, 1, tram 28E, arrêt Santa Catarina • ☎ 213 462 146 • Été : lun.-dim. 12h30-1h ; hiver : mar.-dim. 12h30-1h • Plat : 7,90-14,50 € ; *petiscos* : 2,20-15 €.

A TABERNA DA RUA DAS FLORES
Portugais ㊱ **Plan D4**

Cette taverne remise au goût du jour occupe les locaux d'une ancienne mercerie. Meubles de récup et carrelage rétro, limonade maison pour s'ouvrir l'appétit et, dans l'assiette, des recettes

A Cevicheria, p. 123

lisboètes oubliées, déterrées par le chef André Magalhães (salade de morue aux pois chiches à 6,50 €, *miomba*, un sandwich au porc...). Le soir, place aux *petiscos*, entre plats asiatiques et saveurs de la mer.
Rua das Flores, 103, M° Baixa-Chiado ou tram 28E, arrêt Praça Luís de Camões • ☎ 213 479 418 • Facebook : A Taberna da Rua das Flores • Lun.-ven. 12h-minuit, sam. 18h-minuit • Plat : 8-15 €.

IBO
Mozambicain et portugais
㊲ **Plan D5**

Installé dans un ancien entrepôt de sel, Ibo a les pieds dans l'eau. Une situation idéale et un décor épuré où l'on se laisse surprendre par les saveurs du Mozambique et des plats d'inspiration portugaise. Belle carte des vins.
Cais do Sodré, Armazém A, Loja 2, M° Cais do Sodré • ☎ 213 423 611 • www.ibo-restaurante.pt • Mar.-jeu. 12h30-15h et 19h30-23h, ven.-sam. 12h30-15h30 et 19h30-1h, dim. 12h30-15h30 • Plat : 20 €.

SEA ME
Poissons et fruits de mer
(38) Plan D4

Sea Me a inventé le concept de poissonnerie moderne. On peut y acheter le poisson du jour pêché sur la côte, à emporter ou à déguster sur place, préparé à la portugaise ou en sushi. Pour les mordus de cuisine iodée !

Rua do Loreto, 21, M° Baixa-Chiado • ☎ 213 461 564 • http://peixariamoderna.com • Lun.-ven. 12h30-15h30 et 19h30-minuit (1h ven.), sam. 12h30-1h, dim. 12h30-minuit • Plat : à partir de 19 €.

SALA DE CORTE
Viande (39) Plan D5

Dans un ancien entrepôt à fruits, un comptoir branché pour les fanatiques de viandes grillées. Les meilleures viandes d'Irlande, d'Uruguay et d'Espagne sont cuites dans un four Josper à charbon de bois naturel sous l'œil expert du jeune chef Luís Gaspar. Une cuisson lente et maîtrisée pour un résultat savoureux ! Le jambon ibérique, les hamburgers et les croquettes ne sont pas mal non plus.

Rua da Ribeira Nova, 28, M° Cais do Sodré • ☎ 213 460 030 • www.saladecorte.pt • Lun.-ven. 12h-15h et 19h-minuit, sam.-dim. 12h-1h • Viandes : 12-49 €.

VOIR AUSSI :
Mercado da Ribeira | p. 43 | (40) Plan D5

L'Alfama et le Castelo de São Jorge (quartier 6 - p. 46)

BELMONTE CULTURAL CLUB
Café (41) Plan F4

La cour du palais Belmonte (XVe s.), transformé en hôtel de luxe, abrite un café chic décoré d'œuvres d'art contemporain où vous pourrez savourer un excellent café, de délicieux jus de fruits frais 100 % naturels (4 €) et des salades gourmandes généreuses - quoique un peu chères - composées de produits de saison issus de petites fermes bio.

Páteo Dom Fradique, 14, tram 12E ou 28E, arrêt Castelo • ☎ 218 816 600 • www.palaciobelmonte.com • T.l.j. 10h-19h (21h en été) • Salade : 16-24 €.

Notre top de la CUISINE PORTUGAISE CONTEMPORAINE

Les bases de la cuisine portugaise sont bien là, mais avec ce petit « truc en plus » qui fait toute la différence : twistée, allégée, revisitée, la cuisine contemporaine des nouveaux chefs portugais vous surprendra agréablement !

BASTARDO

Une déco soignée, une vue dégagée et des assiettes remplies de peps et d'originalité. Voir p. 117.

LARGO

Dans le cloître d'un ancien couvent du Chiado, une gastronomie classique revisitée par petites touches. Voir p. 119.

CANTINHO DO AVILLEZ

Une cantine relax, branchée et abordable tenue par le chef deux étoiles José Avillez. Voir p. 120.

100 MANEIRAS

Fondez pour le menu dégustation élaboré selon le marché du jour et laissez-vous surprendre ! Voir p. 123.

IBO

Des saveurs du Mozambique à déguster les pieds dans l'eau. Voir p. 125.

1300 TABERNA

Décor de loft industriel pour ce restaurant qui revisite les classiques en s'inspirant d'autres cultures… Voir p. 134.

POIS CAFÉ

Café — **42 Plan F4**

Qui aurait cru trouver un café autrichien en plein cœur de l'Alfama ? La salle, belle, lumineuse et haute de plafond, est envahie de chaises colorées, de tables de cuisine, de vieux fauteuils dépareillés et de sofas pour feuilleter l'un des nombreux livres ou magazines mis à disposition. Sandwichs, salades, plats du jour (9-10 €), gâteaux, pâtisseries autrichiennes, ainsi qu'un menu à 9,50 € sont proposés.

Rua de São João da Praça, 93-95
• ☎ 218 862 497
• www.poiscafe.com
• Lun. 12h-23h, mar.-dim. 10h-23h (cuisine jusqu'à 22h)
• Brunch : t.l.j. 13,50 €.

O Zé da Mouraria

PORTAS DO SOL

Resto branché ㊸ Plan F4

Une immense terrasse trendy face au Tage : difficile de faire mieux pour la vue ! On s'enfonce dans un des canapés pour déjeuner d'une salade ou d'un plat méditerranéen, siroter un jus de fruits frais aux heures chaudes ou partager un cocktail en amoureux au clair de lune.

Largo das Portas do Sol/Beco de Santa Helena, tram 12E, arrêt São Tomé • ☎ 218 851 299 • www.portasdosol.biz • T.l.j. 10h-1h • Sandwich et salade : 6,50-10 €.

A TRAVESSA DO FADO

Portugais traditionnel
㊹ Plan F4

Il ne s'agit pas d'une maison de fado mais d'un restaurant adossé au musée du Fado, que l'on doit aux propriétaires du célèbre A Travessa (p. 133). En salle ou en terrasse, on se régale de cassolettes et petits plats portugais traditionnels cuisinés avec des produits de saison : crevettes à l'ail, coquillages, fèves et chorizo... servis en continu.

Museu do Fado, largo do Chafariz de Dentro, 1, bus 206 ou 210, arrêt Casa do Conto • ☎ 218 870 144 • Mer.-dim. 12h30-minuit • Fado : mer. et ven. 20h30-minuit • Plat : 20-25 €.

ARCO DO CASTELO

Indien et portugais
㊺ Plan F4

À peine dix tables toutes simples, et l'accueil chaleureux de Pedro. Osez le *caril* (curry) de crevettes ou de poulet, le *xeque-xeque* de crabe (12 €) ou la *feijoada à indiana*. Demandez *piquante* si vous êtes amateur de sensations fortes, ou *meio piquante*, épicé juste ce qu'il faut ! Excellent choix de vins portugais.

Rua do Chão da Feira, 25, tram 12E ou 28E, arrêt Castelo • ☎ 218 876 598 • Lun.-sam. 12h-minuit • Plat : 9-15 € • Résa recommandée.

VOIR AUSSI :

Cais na Preguiça | p. 48 | ㊻ Plan F4

Quiosque Portas do Sol | p. 50 | ㊼ Plan F4

Graça et Mouraria (quartier 7 - p. 54)

CAFÉ DO MONTE
Café ⑱ Plan F2

Sur les hauteurs de Graça, le Café do Monte dégage un air de café parisien version Amélie Poulain. Derrière le comptoir, Ico et Fernanda préparent de succulentes salades au fromage, au saumon ou au jambon (env. 5,50 €), des omelettes et des tartines originales à accompagner de vin rouge.
Rua de São Gens, 1, tram 28E, arrêt Rua Graça • ☎ 929 425 156 • Dim.-jeu. 11h-minuit, ven.-sam. 11h-2h • Plat : 5-16 €.

O TRIGUEIRINHO
Portugais traditionnel
⑲ Plan E3

Tables à touche-touche, nappes à carreaux, crépi aux murs et un menu tout simple composé de viandes et de poissons grillés vous attendent dans cette petite cantine populaire de quartier. Soupe Alentejana (1,50 €), côtelettes d'agneau, escalope de veau, steak, dorade, morue... à petit prix ! Le tout sur une jolie placette de Mouraria.
Largo dos Trigueiros, 17, M° Rossio, tram 12E ou 15E, arrêt Praça Figueira • ☎ 218 881 219 • Lun.-sam. 12h-15h30 et 20h-22h30, dim. 12h-14h • Plat : 5,50-7,50 €.

The Food Temple

O ZÉ DA MOURARIA
Portugais traditionnel
⑳ Plan E3

Si vous recherchez une authentique cantine populaire et une cuisine régionale typique, poussez la porte de ce restaurant. Figure du quartier et maître des lieux, Virgílio vous accueille dans une petite salle à la déco rustique avec cuisine ouverte. Steak à l'ail, côtelettes de porc... les plats servis en portions généreuses changent souvent. Avec un peu de chance, vous aurez droit à une parenthèse de fado spontanée.
Rua João do Outeiro, 24, M° Martim Moniz • ☎ 218 865 436 • Lun.-sam. 12h-16h • Plat : 14,50-28,50 €.

THE FOOD TEMPLE
Végétarien ㉑ Plan E3

Si l'idée d'un curry de pois chiches à la menthe vous emballe, filez dans ce restaurant végétarien et bohème perdu dans Mouraria. Dans la salle bleu ciel ou sur la paisible place, soupes de légumes (2,50 €), tapas/*petiscos* (3-4 €) et petits plats du jour (8-11 €) ravissent les papilles et

changent chaque jour. Également des options végétaliennes.
Beco do Jasmim, 18, M° Martim Moniz • ☎ 218 874 397 • www.thefoodtemple.com • Mer.-dim. 19h30-minuit.

O DAS JOANAS
Portugais ⑸52 Plan E2

La terrasse de ce petit café branché invite à s'attarder devant la Fábrica Viúva Lamego (voir p. 55), l'une des plus belles façades d'azulejos de la ville. Au menu, des tartines, des salades, des assiettes de fromages et de charcuterie, et des pâtisseries portugaises. Les amateurs d'art contemporain découvriront, sur la place, le *Jardin en kit*, œuvre de Joana Vasconcelos.
Largo do Intendente Pina Manique, 28, tram 28E, arrêt Rua da Palma • ☎ 218 879 401 • Lun. et mer.-jeu. 9h-22h, ven.-sam. 10h-2h, dim. 10h-22h • Tartine : 2,40-3,40 €.

TENTAÇÕES DE GOA
Indien 53 Plan E3

Ce restaurant est l'un des meilleurs indiens de Lisbonne et a déjà raflé plusieurs prix gastronomiques. En entrée, goûtez les excellents *chamuça* (samoussa), le *bhaji puri* ou les *bojés* (boulettes frites au chutney), puis le *caril de camarão com quiabos* (curry de crevettes) ou le *xacuti de frango* (poulet).
Rua do São Pedro Mártir, 23, M° Martim Moniz ou Rossio • ☎ 218 875 824 • Facebook : Tentações de Goa • Lun. 19h-22h, mar.-jeu. 12h-15h et 19h-22h, ven.-sam. 12h-15h et 19h-23h, f. j.f. • Plat : 7-14 € • Résa conseillée surtout le soir.

VOIR AUSSI :
Mercado de Fusão | p. 55 | 54 Plan E3

São Vicente et Santa Apolónia (quartier 8 - p. 58)

BICA DO SAPATO
Portugais moderne
55 Hors plan par F3

Face à la gare, sur les docks de Santa Apolónia, voici un resto *muito trendy* comme disent les Portugais. Signé Manuel Reis, cet ancien entrepôt métamorphosé en lieu ultra-design est un repaire de *beautiful people*. De belles assiettes qui privilégient les poissons et des suggestions différentes toutes les semaines. Terrasse idéale pour boire un verre en contemplant le Tage et DJ aux platines en fin de semaine.
Av. Infante Dom Henrique, Armazém B, cais da Pedra, M° Santa Apolónia • ☎ 218 810 320 • www.bicadosapato.com
Restaurant et bar : lun. 19h30-minuit, mar.-sam. 12h30-minuit, dim. 12h30-16h • Plat : 17-23 € ; menu : 23,50 € ; *petiscos* : 5,50-19,50 € ; brunch (dim. slmt sf juil.-août) : 25 €.
Sushi bar : lun.-sam. 19h30-1h • Menu : 10,50 €.

FAZ FIGURA
Poissons et fruits de mer
56 Hors plan par F3

Un restaurant chic situé dans l'un des quartiers les plus typiques de Lisbonne. La terrasse offre une vue panoramique sur la ville et le fleuve. Vous y dégusterez une cuisine internationale et portugaise de qualité autour du poisson et des fruits de mer.
Rua do Paraíso, 15B, M° Santa Apolónia • ☎ 218 868 981 • www.fazfigura.com • Lun. 19h30-23h, mar.-dim. 12h30-15h et 19h30-23h (minuit en été) • Env. 40 €.

VOIR AUSSI :

DeliDelux | **p. 60** | Hors plan par F3

De Príncipe Real à São Bento (quartier 9 - p. 64)

CONVERSAFIADA
Petiscos 57 Plan C3

Avec sa poignée de tables rétro et ses tableaux noirs éclaboussés de mots à la craie, cette petite taverne moderne et conviviale invite à la conversation autour de *petiscos* : crevettes à l'ail, *pica-pau*, salade de poulpe, *bifana* (sandwich au porc), steak de thon, conserves et planchettes de fromages ou de charcuterie. Au dessert, fondez pour une pomme rôtie au porto.
Travessa da Palmeira, 44-46, bus 773, arrêt Rua da Palmeira • ☎ 914 882 288 • Lun.-sam. 12h-15h et 19h-21h • *Petiscos* : 3,60-12 €.

O PREGO DA PEIXARIA
Portugais/*Pregos*
58 Plan C3

Ce restaurant très convivial est spécialisé dans les *pregos*, des petits sandwichs portugais à la viande ou au poisson : thon des Açores, *carne de lombo*, fromage et pancetta... servis dans un *bolo de caco*, du pain de Madère. À dévorer autour des tables communes ou dans la salle décorée façon street art, où officient parfois des DJ.
Rua da Escola Politécnica, 40, bus 202, 758 ou 773, arrêt Rua da Escola Politécnica • ☎ 213 471 356 • http://opregodapeixaria.com • Dim.-jeu. 12h30-minuit, ven.-sam. 12h30-1h • *Prego* : 8,50 €.

CAFÉ DE SÃO BENTO
Portugais 59 Plan C4

Sonnez à la porte et laissez-vous conduire à votre table par un serveur en nœud pap'. Ce restaurant est une véritable institution fréquentée par les politiciens et les journalistes. On y vient avant tout goûter ses steaks dans une ambiance feutrée.
Rua de São Bento, 212, tram 28E, arrêt Calçada da Estrela • ☎ 213 952 911 • www.cafesaobento.com • Lun.-ven. 12h30-14h30 et 19h-2h, sam.-dim. 19h-2h • Plat : 30-35 €.

Café de São Bento, p. 131

COMIDA DE SANTO
Brésilien 60 Plan C3

Ce restaurant brésilien est idéal pour dîner en amoureux. Après la caïpirinha maison, tentez la *moqueca de peixe* ou de *camarão* (poisson ou crevettes au lait de coco) ou la *feijoada à brasileira* (16,50 €), le fameux plat à base de viande et de haricots noirs. Bonne humeur garantie.
Calçada Engenheiro Miguel Pais, 39, M° Rato, bus 202 ou 758, arrêt Rua da Escola Politécnica • ☎ 213 963 339 • www.comidadesanto.pt • Mer.-lun. 12h30-15h30 et 19h30-minuit • Plat : 12-18 €.

ATALHO REAL
Viande 61 Plan C3

D'humeur carnassière ? Filez au sous-sol du palais Embaixada où se niche l'un des meilleurs restaurants de viande de Lisbonne. Soigneusement sélectionnées, ces pièces de bœuf grillées (*picanha* écossaise, bœuf à la new-yorkaise, filet...), proposées en plat ou en sandwich, laisseront un souvenir tendre et fondant à vos papilles. L'idéal est de s'attabler dans le jardin pour profiter de la verdure en pleine ville.
Calçada da Patriarcal, 40, M° Rato • ☎ 213 460 311 • www.grupoatalho.pt • Dim.-mer. 12h-23h, jeu.-sam. 12h-minuit • Burger et sandwich : 6,70-7,80 € ; plat : 11-15 €.

PÃO DE CANELA
Bar-pâtisserie 62 Plan C3

Sur la jolie « place des Fleurs », les terrasses de ce restaurant-bar-*pastelaria* sont fréquentées par les Portugais et les touristes. À chaque jour son menu (omelettes, poissons grillés...), ses salades, sandwichs, fruits frais, oranges pressées... Le brunch du week-end est servi sur la terrasse voisine.
Praça das Flores, 25-29, bus 773, arrêt Praça das Flores • ☎ 213 972 220 • Facebook : Grupo Canela • T.l.j. 7h-20h (7h30-23h en été) • Plat : 7-12 € ; brunch (sam.-dim. 10h-17h) : 20 €.

TEASE BAKERY
Salon de thé 63 Plan C3

Enfoncez-vous dans un fauteuil de velours pour siroter un milk-shake Kurt Cobain à la vanille (3 €) ou un Iggy Pop au café accompagné d'un cupcake aux fruits des bois (2,20 €). Pas de doute, ce petit salon de thé girly et rock'n'roll est le plus branché de Lisbonne.

Rua Nova da Piedade, 15, bus 773, arrêt Praça das Flores • ☎ 914 447 383 • Facebook : Tease • Dim.-jeu. 9h-21h, ven.-sam. 9h-23h.

VOIR AUSSI :

Estrela Morena | p. 66 | (64) Plan C3

Estrela et Campo de Ourique (quartier 10 - p. 68)

CANTINA DA ESTRELA
Méditerranéen (65) Plan B3

Cette école reconvertie en hôtel abrite un restaurant où les élèves de l'école d'hôtellerie voisine font leurs armes. Entre livres et mobilier design, le tableau noir affiche un menu méditerranéen. On paie selon sa satisfaction, dans une fourchette de prix donnée. Aux beaux jours, on peut réserver un panier pique-nique pour déjeuner sur l'herbe.

Hotel da Estrela, rua Saraiva de Carvalho, 35, tram 25E ou 28E, arrêt Rua Saraiva de Carvalho • ☎ 211 900 100 • www.hoteldaestrela.com/restaurant • Mar.-sam. 12h30-15h et 19h30-22h30 • Plat : 10-20 €.

VOIR AUSSI :

O Melhor Bolo de Chocolate do Mundo | p. 71 | (66) Plan A3

Mercado de Campo de Ourique | p. 71 | (67) Plan A3

Du Museu de Arte Antiga aux docks (quartier 11 - p. 72)

CAFETARIA VILLAGE
Café (68) Hors plan par A5

Vous avez remarqué le bus à impériale perché sur un conteneur ? C'est bien là que se trouve le restaurant ! Il faut grimper quelques marches dans ce drôle d'assemblage pour prendre place dans le bus aménagé, qui danse légèrement au gré du vent. Salades fraîches, wraps et toasts rapides sont à la carte (3-10 €). Le week-end, trois différents brunchs à déguster (14-18 €), pour les gros appétits, les becs fins et les végétariens.

Estação de Santo Amaro, rua 1° de Maio, 103 • ☎ 215 583 469 • Facebook : Cafetaria Village • Lun.-jeu. et dim. 11h-18h, ven.-sam. 11h-minuit.

A TRAVESSA
Portugais et belge
(69) Plan B5

Installé dans le cloître d'un ancien couvent, A Travessa propose une cuisine portugaise et belge recherchée et un pain sorti du même four qu'utilisaient jadis les nonnes. Chic et irréprochable.

Travessa do Convento das Bernardas, 12, tram 25E, arrêt Rua de São João Da Mata • ☎ 213 902 034 • www.atravessa.com • Lun.-sam. 19h30-minuit • Plat : 23-30 €.

A MERENDEIRA
Portugais traditionnel
70 Plan C5

Un coup de mou vers 5h du matin ? Qu'à cela ne tienne ! Que vous vouliez continuer votre nuit ou vous remplir l'estomac pour bien dormir, cet endroit sert l'authentique et rustique caldo verde ou soupe au chou (2 €), dans laquelle vous plongerez avec bonheur un pain au chorizo (2,50 €) tout juste sorti du four. Spécialités locales et rendez-vous des noctambules de tout poil garantis !

Av. 24 de Julho, 54G, tram 15E ou 18E, ou train Estação Santos, arrêt Santos • ☎ 213 972 726 • www.amerendeira.com • T.l.j. 11h-7h • Menu soupe + pain au chorizo : 3,50 €.

1300 TABERNA
Portugais moderne
71 Hors plan par A5

Non loin de l'entrée de la LX Factory (p. 77), cette grande taverne a des airs de loft industriel. De la grande cuisine ouverte sortent des plats portugais actuels à base de produits bio de saison : gaspacho de framboises et de maquereau fumé (9 €), pâtes fraîches aux champignons et cacahuètes, joues de porc aux abricots…

Rua Rodrigues de Faria, 103, LX Factory, tram 15E ou 18E, arrêt Calvário • ☎ 213 649 170 • www.1300taberna.com • Mar.-sam. 12h30-15h et 19h30-minuit • Plat déj. : 12-14 € ; plat dîner : 16-22 € ; menu dégustation soir : 35 €.

OSTERIA
Italien
72 Plan B4

Les Lisboètes aiment cette taverne italienne de Madragoa, où Chiara et Tânia cuisinent comme pour leurs amis. Un lieu où l'on aime se retrouver pour partager *petiscos* et *sangria* ou s'attarder autour d'assiettes traditionnelles accompagnées de vins italiens.

Rua das Madres, 52-54, tram 25E, arrêt Conde Barão • ☎ 213 960 584 • www.osteria.pt • Lun. 19h30-1h, mar.-jeu. 12h30-16h30 et 19h30-1h, ven.-sam. 12h30-16h30 et 19h30-2h, dim. 12h30-1h. • Plat : env. 8,90 € • Résa conseillée.

PICANHA
Brésilien
73 Plan B5

Ce restaurant brésilien, installé dans le hall d'entrée d'un palais du XVIIIe s., propose de la *picanha*, une viande de bœuf marinée dans un mélange d'épices, puis grillée et servie saignante, accompagnée de haricots rouges, d'une salade, de riz et de *farofa* (manioc toasté).

Rua das Janelas Verdes, 96, bus 713 ou 714, arrêt Rua das Janelas Verdes • ☎ 213 975 401 • Facebook : Picanha • Mar.-sam. 12h30-15h30 et 20h-23h, dim. 12h30-15h30 • *Picanha* : 16,50 € (à volonté).

VOIR AUSSI :

Le Chat I p. 73 I 74 Plan A5

Cantina I p. 77 I Hors plan par A5

Les meilleures PÂTISSERIES

Difficile de résister aux douceurs d'un en-cas à Lisbonne. *Pastéis de nata, lérias* (gâteaux aux amandes), chocolat chaud... Il y a toujours quelque chose à goûter !

CONFEITARIA NACIONAL

La plus ancienne de Lisbonne...
Voir p. 33.

MANTEIGARIA

Un petit comptoir où l'on confectionne sous vos yeux les célèbres *pastéis de nata* ! Voir p. 39.

PASTÉIS DE BELÉM

Une institution qui sert des *pastéis de nata* à Belém depuis 1837 !
Voir p. 89.

CASA DE CHÁ DE SANTA ISABEL (VICENTINAS)

Le meilleur goûter de Lisbonne, et les recettes sont reversées à des œuvres sociales.
Voir p. 136.

CONFEITARIA IMPERIAL

De délicieuses pâtisseries dans une ambiance de café authentique.
Voir p. 137.

Osteria

Rato et Amoreiras (quartier 12 - p. 78)

CASA DE ANGOLA
Angolais ⑦⑤ Plan B2

Une petite salle chaleureuse aux murs jaunes et au comptoir boisé vous accueille pour déguster une cuisine angolaise typique et courue des nombreux expatriés de Lisbonne. Au menu : poulet *moamba* (12 €), à base de noix de cola, d'oignon, de courge et d'ail, ou bien le *peito alto*, un os à moelle en sauce (8 €).

Travessa da Fábrica das Sedas, 7 • ☎ 965 527 397 • Lun.-sam. 10h-23h • Menu (midi) : 6 € (plat, boisson et café).

Casa de Angola

CASA DE CHÁ DE SANTA ISABEL
Salon de thé-pâtisserie ⑦⑥ Plan B2

Cet ancien entrepôt de bananes, devenu salon de thé et atelier de couture dans les années 1950, appartient désormais à la paroisse Santa Isabel et sert le meilleur goûter de Lisbonne. Scones, *bolos de chocolate*, *lérias* (gâteau aux amandes)... se savourent entre murs pastel et icônes religieuses (1-2 € la pâtisserie, les recettes sont reversées à des œuvres sociales).

Rua de São Bento, 700, M° Rato • ☎ 213 887 040 • www.casadecha.org • Été : lun. 15h30-19h, mar.-ven. 11h30-19h ; hiver : mar.-ven. 11h30-19h (goûters à partir de 15h30), sam.-dim. 15h30-19h.

VOIR AUSSI :

Pastelaria 1800 | p. 79 | ⑦⑦ Plan B2

Du Parque Eduardo VII aux Avenidas (quartier 13 - p. 82)

GALETO
Portugais moderne ⑦⑧ Hors plan par D1

Murs lardés de clous dorés ou recouverts de panneaux en bois sculpté, ardoises noires au plafond, voilà pour la déco *sixties* définitivement sombre et kitschissime. Plats du jour, salades et légumes plutôt honnêtes. On sert aussi de vrais hamburgers, avec brioche et fromage, et une viande dont on choisit l'assaisonnement.

Après 22h, prix majorés de 10 %. Un concentré de vie lisboète où se croisent ouvriers, cols blancs, artistes et noctambules.

Av. da República, 14, M° Saldanha • ☎ 213 544 444 • Facebook : Galeto • T.l.j. 7h30-3h • Sandwich : 2,50-5,50 € ; plat : 10-25 €.

ELEVEN
Gastronomique
(79) Hors plan par B1

Un strict « cube » rouille et gris, un design intérieur rigoureux et élégant... Cette adresse prisée des gourmets est un modèle de sobriété et d'excellence ! Les cuisines sont dirigées par le chef Joachim Koerper, un habitué des étoiles.

Jardim Amália Rodrigues, rua Marquês da Fronteira, M° São Sebastião, puis bus 713, arrêt Palácio da Justiça • ☎ 213 862 211 • www.restauranteleven.com • Lun.-sam. 12h30-15h (cuisine 14h30) et 19h30-23h (cuisine 22h30) • Menu dégustation : 103 € • Résa conseillée.

PASTELARIA VERSAILLES
Pâtisserie
(80) Hors plan par C1

Superbe cadre Art déco avec moulures pastel, natures mortes, colonnes aux chapiteaux dorés. Vous pouvez déjeuner dans cette ambiance de brasserie, mais restez alors debout, les prix sont moins élevés. Ou allez en face, au Galeto (voir p. 136).

Av. da República, 15A • ☎ 213 546 340 • T.l.j. 7h30-minuit • Café et gâteau : 2,50 €.

CONFEITARIA IMPERIAL
Pâtisserie-salon de thé
(81) Hors plan par C1

Dans cette pâtisserie-salon de thé de plus de cinquante ans, vous retrouverez la véritable ambiance des cafés portugais. Les pâtisseries traditionnelles y sont excellentes.

Av. António Augusto de Aguiar, 27C, M° Parque ou São Sebastião • ☎ 213 547 108 • Lun.-ven. 7h-20h, sam. 7h-19h • Plat du jour : 5-7 € ; sandwich : 1,70-3 € ; pâtisserie : à partir de 1,10 €.

PASTELARIA MEXICANA
Café-pâtisserie
(82) Hors plan par D1

Ce café historique bien connu des Lisboètes a été fondé en 1946 et classé monument d'intérêt public pour son décor moderniste. Faites-y un saut pour grignoter pâtisseries rétro, croissants (1,10 € à l'intérieur) ou palmiers dans un pur décor années 1960 (fresques d'azulejos en relief en vogue sous Salazar), et pour observer le défilé des mamies chic et de la jeunesse dorée en Prada.

Av. Guerra Junqueiro, 30C, M° Alameda • ☎ 218 486 117 • Facebook : Pastelaria Mexicana Lda. • T.l.j. 7h30-22h.

VOIR AUSSI :

Vélocité Café | p. 84
| Hors plan par C1

Belém (quartier 14 - p. 86)

À MARGEM
Sur le pouce
(83) Hors plan par A5

Posée sur la promenade entre le monument des Découvertes et la tour de Belém, cette boîte de verre très design est le spot parfait pour un déjeuner léger face au Tage. On y propose salades, tartines, sandwichs, jus de fruits frais et milkshakes. Superbe terrasse.

Doca do Bom Sucesso, tram 15E, arrêt Centro Cultural de Belém
• ☎ 918 620 032 • www.amargem.com
• T.l.j. 10h-1h (dim. jusqu'à 22h)
• Plat : 7-16 €.

VOIR AUSSI :

Pastéis de Belém | p. 89
| Hors plan par A5

Cavalo Lusitano | p. 91
| Hors plan par A5

Campo Grande, Lumiar et Monsanto (quartier 15 - p. 96)

VOIR PAUSE :

Café Concerto | p. 97
| Hors plan par A5

Parque das Nações (quartier 16 - p. 100)

VOIR PAUSE :

República da Cerveja | p. 103
| Hors plan par A5

Sintra et Queluz (quartier 17 - p. 104)

PASTELARIA PIRIQUITA ET PIRIQUITA DOIS
Pâtisserie (84) Hors plan par A5

Au XIIe s. déjà, les *queijadas* étaient appréciées des rois. La pâtisserie Piriquita, fondée en 1862, a gardé le secret de la fabrication de ses tartelettes au fromage et aux amandes. Essayez aussi les *travesseiros* (0,90 €), une autre spécialité de Sintra, à la crème et aux amandes.

Le salon de thé Piriquita Dois, un peu plus haut dans la rue, permet de déguster ces délices assis.

Rua das Padarias, 1 et 18
• ☎ 219 230 626
• www.piriquita.pt • Jeu.-mar. 9h-21h
• Pâtisserie : env. 1 €.

VOIR AUSSI :

Fábrica das Verdadeiras Queijadas da Sapa | p. 107
| Hors plan par A5

La Costa do Sol et la rive sud du Tage (quartier 18 - p. 108)

O VIRIATO
Portugais traditionnel
(85) Hors plan par A5

Une cuisine familiale traditionnelle de bon aloi pour cette adresse à l'écart des sentiers touristiques. De la soupe (1,90 €) au plat du jour, en passant par les poissons sur l'étal, tout est frais du matin ! Une carte simple, typique, à base de poisson grillé et de brochettes. L'adresse attire les habitants du quartier comme les gens de passage, dans un décor suranné, entre boiseries et nappes à petits carreaux.

Av. Vasco de Gama, 34, Cascais • ☎ 214 868 198 • www.restauranteoviriato.pt • Jeu.-mar. 12h-23h • Plat du jour : 10 €.

VOIR AUSSI :

Ponto Final | p. 111
| Hors plan par A5

Lexique du porto

Il y a porto et porto. Selon les raisins, l'année, le procédé de vinification et le temps de vieillissement, le porto sera très différent. La couleur du raisin détermine la robe. À raisins blancs, porto *branco* (blanc). À raisins rouges, porto *ruby* ou *tinto* (rouge) ou porto *tawny* ou *aloirado* (mordoré). Selon la provenance des raisins et le procédé, on parle de : *blends* (assemblage de raisins d'années et de vignes différentes, vieillis 3 ans) ; *quintas* (portos provenant d'une seule propriété, vieillis au moins 3 ans) ; *colheitas* (sélections d'années millésimées, vieillies en fût pendant 7 ans) ; *Late Bottled Vintage (LBV)* (millésimes gardés 4 à 6 ans en fût puis embouteillés et commercialisés) ; *vintage* (millésime correspondant à une année exceptionnelle, gardé 2 ans en fût puis vieilli en bouteilles 10 à 30 ans, ou plus).

L'art et la manière

Le porto *branco* sec se sert en général frais à l'apéritif alors que le *ruby* ou *tawny* ordinaire (3 ans) se boit en fin de repas avec fromage ou dessert. Un porto de plus de 10 ans se déguste en digestif dans une ambiance cérémonieuse. Pour des occasions très spéciales, choisissez un LBV ou un vintage ; il faut alors conserver la bouteille couchée, l'étiquette tournée vers le haut, puis, avant de le consommer, le laisser décanter pendant quelques heures afin que le dépôt reste à l'intérieur.

Bars, clubs & sorties

PAR QUARTIER

Les coups de cœur DE NOTRE AUTEUR 2018

Bars branchés, intimistes, éclectiques, petits concerts, clubs... La nuit, Lisbonne est pleine de folie. Notre auteur vous propose ses adresses favorites entre ambiance décontractée et dance floors endiablés.

Pensão Amor

NOOBAI CAFÉ

Une terrasse en contrebas du Museu da Farmácia, avec vue plongeante sur le Tage et le pont du 25-Avril. À savourer à la tombée du jour, un verre à la main ! Voir p. 150.

PENSÃO AMOR

Bar à cocktails au parfum décadent pour une bonne dose de glamour et de hype lisboète. Voir p. 151.

TEJO BAR

On a l'impression de s'inviter chez les voisins dans ce petit bar caché à la carte minimaliste. L'endroit parfait pour improviser un bœuf et faire connaissance avec les locaux. Voir p. 155.

MARIA DA MOURARIA

Une petite *casa do fado* intimiste, un cocon idéal pour découvrir ce rythme triste et dansant à la fois, typique de la *saudade* portugaise. Voir p. 156.

CASA INDEPENDENTE

DJ sets, concerts alternatifs et *biergarten* survolté, dans un décor façon récup aménagé dans un palais de Mouraria. Voir p. 157.

CHAFARIZ DO VINHO

Plongez dans l'un de ces réservoirs qui fournissaient la ville en eau pour déguster des vins triés sur le volet dans un décor inhabituel. Voir p. 158.

À SAVOIR

OÙ SORTIR ?

On trinque avec les Lisboètes de bar en bar dans les ruelles du **Bairro Alto,** grouillantes de monde à partir de minuit (en fin de semaine, c'est la folie !). Pour une ambiance moins frénétique, on migre vers le quartier gay de **Príncipe Real,** également prisé par les hétéros pour ses bars branchés, ou dans les bars cool de **Bica.** Plus tard, le **Cais do Sodré** attire les foules avec ses bars bohèmes et ses clubs éclectiques (rua Nova do Carvalho). Pour danser jusqu'à l'aube, on file sur l'**avenida 24-de-Julho,** les docks industriels d'**Alcântara,** de **Santo Amaro** ou de **Santa Apolónia,** fief des grands clubs (inutile d'y arriver avant minuit, voire 2h du matin). Pour une soirée fado, direction l'**Alfama.**

S'INFORMER

Pour savoir tout ce qu'il se passe à Lisbonne, procurez-vous le mensuel gratuit ***Agenda LX*** (www.agendalx.pt), l'agenda culturel le plus complet, disponible un peu partout. L'office de tourisme met à disposition le guide bilingue anglais-espagnol ***Follow Me*** répertoriant les événements du mois (concerts, théâtre, festivals...).

RÉSERVER UN SPECTACLE

ABEP (kiosque vert, plan D3, M° Restauradores, ☎ 213 470 768, t.l.j. 9h30-20h, 19h en hiver, espèces slmt).

Fnac Chiado (rua do Carmo, 2, plan E4, M° Baixa-Chiado, ☎ 760 309 330, www.fnac.pt, t.l.j. 10h-22h).

Les théâtres ne prenant pas de réservations par téléphone, ces deux billetteries sont le moyen le plus simple de réserver un spectacle (+ commission). Pensez aussi à la billetterie du théâtre avant la représentation et aux centrales de réservation en ligne : **Ticket Line** (www.ticketline.sapo.pt) et **Blue Ticket** (www.blueticket.pt).

SE REPÉRER

**Chaque adresse de lieu de sortie est associée à une pastille violette numérotée.
Vous retrouverez toutes les adresses positionnées sur le plan détachable.**

Bars, clubs & sorties PAR QUARTIER

La Baixa, autour de la praça do Comércio (quartier 1 - p. 24)

VINIPORTUGAL
Bar à vins ① Plan E5

À mi-chemin entre la cantine et le laboratoire, Viniportugal est un centre d'expérimentation du vin portugais. Vous pourrez y découvrir en toute autonomie les différents cépages et les régions viticoles en vous servant aux fontaines distributrices. Les hôtesses sont là pour conseiller, et la plupart des vins servis sont vendus à prix producteur par cette association de promotion des vins portugais.
Sala Ogival, praça do Comércio, Ala Poente, M° Terreiro do Paço • ☎ 213 420 690 • www.viniportugal.pt • T.l.j. 11h-18h30.

BEBEDOURO
Bar à vins ② Plan E4

Ce bar à vins contemporain est spécialisé dans les vins du Nord du Portugal. La carte, pointue, promet de déguster un excellent *vinho verde* bien frais en terrasse ou un porto vintage dans la petite salle baignée de musique. Et pour grignoter : charcuterie, fromages, tartines de sardines ou de maquereau, salades, etc.
Rua de São Nicolau, 24, M° Baixa-Chiado • ☎ 218 860 376 • Mer.-lun. 12h-minuit • Verre de vin : 2,90-12 €.

MINISTERIUM CLUB
Club ③ Plan E5

La crème des DJ locaux et internationaux se produit dans ce club branché, chic et sophistiqué, logé sous les hautes voûtes du terreiro do Paço. Consultez le site pour la programmation car chaque soirée est un événement. Un conseil, faites un petit effort sur le look pour être sûr de passer l'entrée.
Praça do Comércio, 72, M° Terreiro do Paço, tram 15E ou 25E, arrêt Praça do Comércio • ☎ 218 888 454 • Facebook : Ministerium Club • Selon programmation, minuit-6h ; f. juin-août • Entrée : 7-15 € selon programmation.

Ministerium Club

Le Rossio (quartier 2 - p. 30)

A GINJINHA
Bar ④ Plan E3

Il y a toujours du monde au comptoir, et pour cause : c'est ici que la fameuse liqueur de griottes a été commercialisée pour la première fois en 1840 ! Lisboètes et touristes se bousculent ainsi dans le plus vieux bar à *ginjinha* de la ville pour un godet d'Espinheira (la recette d'un moine), englouti sur le trottoir. Jetez un œil aux publicités surannées de la devanture.

Largo de São Domingos, 8, M° Restauradores • ☎ 218 145 374 • T.l.j. 9h-22h • Liqueur : 1,10-1,40 €.

GINJINHA SEM RIVAL
Bar ⑤ Plan E3

Tout aussi désuet que son voisin A Ginjinha, ce débit de boisson grand comme un mouchoir de poche est le seul à produire sa propre *ginjinha*, la fameuse liqueur Eduardino. Et on la sert ici depuis 1890 ! Essayez de rester au comptoir pour apprécier cette capsule hors du temps et les subtilités d'un rituel ancestral avec son défilé d'habitués, rythmé par les « *com* » ou « *sem elas* » : « avec » ou « sans cerise », la *ginjinha* !

Rua das Portas de Santo Antão, 7, M° Restauradores • ☎ 213 468 231 • Lun.-ven. 8h-minuit, sam.-dim. 9h-minuit ; f. 25 déc. • Liqueur : 1,10-1,40 €.

COLISEU DOS RECREIOS
Concerts ⑥ Plan DE3

C'est la salle de spectacle de Lisbonne spécialisée dans les concerts de musique contemporaine, étape incontournable des artistes ou des groupes étrangers en tournée internationale comme Caetano Veloso, Sufjan Stevens...

Rua das Portas de Santo Antão, 96, M° Restauradores ou Rossio • ☎ 213 240 580 ou ☎ 213 240 585 • www.coliseulisboa.com • Billetterie : lun.-sam. 13h-19h30 • Billets : 25-70 €.

Le Chiado, autour de l'Igreja do Carmo (quartier 3 - p. 34)

MINI BAR TEATRO
Bar-resto ⑦ Plan D4

Le chef étoilé José Avillez a encore frappé dans le Chiado avec ce bar-restaurant logé dans le théâtre São Luiz. *Petiscos* inventifs (bonbons de foie gras), cocktails renversants d'originalité (margharita à la pomme verte et caïpirinha qui se mangent !), bières artisanales et playlist affûtée. De quoi passer une soirée spéciale !

Rua António Maria Cardoso, 58, M° Baixa-Chiado, tram 28E, arrêt Chiado • ☎ 211 305 393 • www.minibar.pt • T.l.j. 19h-2h • Cocktail : à partir de 6,50 €.

O Purista Barbière

A GINJINHA DO CARMO
Bar ⑧ **Plan D4**

Assez rare pour être signalé, c'est une jeune femme qui officie au comptoir de ce bar à *ginja* nouvelle génération. Outre le traditionnel shot de liqueur de griottes servi dans un dé à coudre en plastique, on peut choisir l'option gourmande avec un verre en chocolat à croquer (1,65 €). Pas vraiment traditionnel mais qu'importe !

Calçada do Carmo, 37, M° Rossio • ☎ 211 911 898 • Dim.-mer. 12h-minuit, jeu. 12h-1h, ven.-sam. 12h-2h (18h 24 déc. ; f. 25 déc. • Liqueur : 1,40-1,65 €.

ENTRETANTO
Bar ⑨ **Plan E4**

L'Entretanto est le bar situé au 7e étage de l'hôtel do Chiado. Au coucher du soleil ou la nuit, le lieu est magique : de la terrasse, vue panoramique... Une vraie carte postale ! Le regard oscille entre l'elevador de Santa Justa, la cathédrale et le château de São Jorge... Bière pression ou, plus local, moscatel de la région de Setúbal.

Hotel do Chiado, rua Nova do Almada, 114, M° Baixa-Chiado • ☎ 213 256 100 • www.hoteldochiado.pt • T.l.j. 22h30-minuit • Bière : 5 € ; vin au verre : 4-5,50 €.

O PURISTA BARBIÈRE
Bar-barbier ⑩ **Plan D4**

Ce qui était à l'origine conçu comme une expérience est devenu réalité : un bar à bière doublé d'un barbier ! Jusqu'à minuit, ces messieurs peuvent se faire raser de près ou se payer une petite coupe entre deux pintes de blonde. DJ vendredi et samedi à partir de 23h.

Rua da Nova da Trindade, 16C, M° Baixa-Chiado • ☎ 916 442 744 • Mar. et dim. 15h-21h, mer.-jeu. 15h-2h, ven.-sam. 15h-4h. • Concerts gratuits • Cocktails : 6-9 €.

TEATRO NACIONAL DE SÃO CARLOS
Scène nationale ⑪ Plan D4

Inauguré en 1793, l'Opéra cache derrière sa sobre façade un décor exubérant qui rappelle la Scala de Milan. S'y produisent également l'Orchestre symphonique national et le chœur de São Carlos. Réservez longtemps à l'avance car la saison lyrique est courte et les billets vite vendus. Sinon, tentez votre chance au guichet le jour même.

Largo de São Carlos, M° Baixa-Chiado • ☎ 213 253 045/46 • www.tnsc.pt • Billetterie (sept.-juin) : lun.-ven. et j. de spectacle 13h-19h • Concert : 10-20 € ; opéra : 20-50 € • Visites guidées (5 €) sur résa : visitas@saocarlos.pt.

Bairro Alto et l'Igreja de São Roque (quartier 4 - p. 38)

SOLAR DO VINHO DO PORTO
Bar à porto ⑫ Plan D3

Des murs couverts de bouteilles, des canapés chic mais usés, une lumière tamisée : vous voici dans un petit temple du porto ! Ici, vous découvrirez que ce vin cuit national peut se décliner de mille manières. Charge à vous de choisir dans l'interminable carte lequel vous dégusterez : porto vieilli en fût de chêne ou vieilli en bouteille, plus ou moins âgé (jusqu'à 40 ans...). Il y en a pour tous les goûts et pour toutes les bourses. Une dégustation à accompagner d'un bon plateau de charcuterie ou de fromage.

Rua de São Pedro de Alcântara, 45 • ☎ 213 475 707 • Lun.-ven. 11h-minuit, sam. 15h-minuit • Verre de porto : 1,90-10 €.

Solar do Vinho do Porto

THE OLD PHARMACY
Bar à vins ⑬ Plan D4

Sans aucun doute, le bar à vins le plus cosy du Bairro avec son décor de pharmacie centenaire tout en vitrines lambrissées, son ambiance tamisée et intimiste, parfait pour s'attarder les yeux dans les yeux autour de vins portugais, de *petiscos* et de plateaux de fromage et de charcuterie.

Rua do Diário de Notícias, 73-83, M° Baixa-Chiado • ☎ 213 473 034 • T.l.j. 17h30-minuit (20h en hiver) • Vin au verre : 2,20-20 €.

Pavilhão Chinês

PAVILHÃO CHINÊS
Bar ⑭ Plan D3

Accueilli par des serveurs vieille école en gilet bleu et nœud pap', on croirait pénétrer dans le manoir d'un collectionneur fou. Le spectacle est total dans ce dédale de salles (l'une d'elle abrite des billards) surchargées d'antiquités, de lustres Art nouveau et de vitrines regorgeant de curiosités.

Rua Dom Pedro V, 89, bus 202 ou 758, arrêt Príncipe Real • ☎ 213 424 729 • Lun.-sam. 18h-2h, dim. 21h-2h • Cocktail : 9,50 €.

MARIA CAXUXA
Bar ⑮ Plan D4

Dans la foule de bars un peu kitsch ou miteux du Bairro Alto, Maria Caxuxa remporte la palme du bar le plus cool. On s'attarde avec plaisir dans cet agréable cocon rétro, entre fauteuils *sixties* et posters vintage, le tout sur fond de bonne musique indé. Une ambiance décontractée, idéale pour finir la soirée entre amis.

Rua da Barroca, 6-12, M° Baixa-Chiado • ☎ 213 461 311 • Dim.-jeu. 19h-2h, ven.-sam. 19h-3h • Cocktail : 5-9 €.

MAJONG
Bar à cocktails ⑯ Plan D4

Des lampes en chou-fleur, un comptoir en béton et des murs noirs décorés par des artistes locaux : le Majong plante un décor branché baigné de sons électro. Au comptoir, plus d'une quarantaine de cocktails, dont un rafraîchissant primo basilico, sans oublier les classiques caïpirinha et mojito.

Rua da Atalaia, 3, M° Baixa-Chiado • ☎ 213 470 976 • Dim.-jeu. 17h-2h, ven.-sam. 17h-3h • Cocktail : 7-9 €.

Ginja, L'APÉRITIF LISBOÈTE

La *ginja* (ou *ginjinha*) est une eau-de-vie à base de griottes dont les origines se perdent au Moyen Âge. Des échoppes disséminées un peu partout dans la ville sont spécialisées dans cette boisson qui donne vite les pommettes rouges ! Elles se résument à un simple comptoir où l'on commande son verre de liqueur (env. 1,50 €) que l'on avale sur le trottoir en discutant. C'est authentique et tellement lisboète ! En voici 3 institutions...

A GINJINHA

Le plus vieux bar à *ginjinha* de la ville sert la liqueur de griottes depuis 1840 !
Voir p. 144.

GINJINHA SEM RIVAL

Ce bar minuscule est le seul à produire sa propre *ginja*...
Voir p. 144.

A GINJINHA DO CARMO

Un bar à *ginja* nouvelle génération tenue par une femme !
Voir p. 145.

A Ginjinha

A CAPELA
Bar électro ⑰ Plan D4

La « chapelle » des sons électroniques ! Ce petit bar branché accueille tous les soirs des DJ (*eletrônica*, techno, dub...) dans un décor néobaroque avec ses meubles dépareillés et ses reproductions de tableaux de maîtres.

Rua da Atalaia, 45, M° Baixa-Chiado, tram 28E, arrêt Praça Luís de Camões
- ☎ 213 470 072
- Dim.-jeu. 20h-2h, ven.-sam. 20h-3h
- Bière : 2 € ; cocktail : 5-8 €.

A TASCA DO CHICO
Fado (18) Plan D4

C'est l'une des adresses connues où viennent chanter les amateurs, les fameux fados vadios. Un endroit convivial, où l'on ne racole pas à l'entrée, qui distille aussi de la musique brésilienne. À l'inverse des établissements touristiques de l'Alfama, le spectacle est gratuit, on ne paie que sa consommation.

Rua do Diário de Notícias, 39, M° Baixa-Chiado • ☎ 965 059 670 • Dim.-jeu. 18h-2h • Fado : lun. et mer. 21h30 ; concerts gratuits.

Autre adresse : rua dos Remédios, 83 (plan F4) • Fado jeu.-dim. à 21h30.

PORTAS LARGAS
Musique live (19) Plan D4

Malgré sa « rusticité », le Portas Largas est l'un des bars phares du Bairro Alto. Les rendez-vous de début (et de fin) de soirée se prennent ici. Passé une certaine heure, la foule est aussi dense dehors que dedans. La musique inonde alors la rua da Atalaia où une troupe atypique et branchée discute et danse.

Rua da Atalaia, 105, M° Baixa-Chiado, tram 28E, arrêt Praça Luís de Camões • ☎ 213 466 379 • Dim.-jeu. 20h-2h, ven.-sam. 19h-3h • Concert : musique brésilienne tous les soirs à partir de 22h (gratuit) • Bière 2,50-6 € ; vin au verre : 2-3 €.

PÁGINAS TANTAS
Musique live (20) Plan D4

Ce bar jazz est un classique du Bairro Alto depuis plus de vingt ans. On aime l'ambiance décontractée, l'happy hour (20h-22h) et les concerts de jazz gratuits (mer.-sam. à 22h).

Rua do Diário de Notícias, 85, M° Baixa-Chiado • ☎ 213 465 495 • Facebook : Páginas Tantas Jazz Bar • Mar.-jeu. et dim. 20h30-2h, ven.-sam. 20h30-3h • Bière : 2-5 €.

Cais do Sodré et Bica (quartier 5 - p. 42)

BICAENSE
Bar à cocktails (21) Plan D4

Le Bicaense propose un mix DJ/cocktail réussi. C'est depuis longtemps l'un des lieux phares pour écouter des mix électro-house-funk ou jazzy jusqu'au bout de la nuit.

Rua da Bica Duarte Belo, 42, tram 28E, arrêt Calhariz • ☎ 213 257 940 • Facebook : Bicaense • Mar.-ven. 19h30-2h, sam. 20h-2h • Cocktail : 4-6 €.

O BOM O MAU E O VILÃO
Bar à cocktails (22) Plan D5

Malgré un nom en hommage à Sergio Leone (traduction portugaise du film *Le Bon, la Brute et le Truand*), ce bar à cocktails branché du Cais do Sodré n'évoque en rien le western spaghetti. Installé dans une demeure pombaline, le lieu est divisé en plusieurs petites salles meublées façon années 1950. Au programme, concerts, projections de films, DJ sets (le w.-e.) et autres événements culturels.

Rua do Alecrim, 21, M° Cais do Sodré • ☎ 964 531 423 • Facebook : O Bom O Mau e O Vilão • Dim.-jeu. 19h-2h, ven.-sam. 19h-3h • Cocktail : 7,5-10 €.

NOOBAI CAFÉ
Bar ㉓ Plan C4

Le petit escalier sur la droite du miradouro de Santa Catarina mène à une terrasse secrète et tranquille avec une vue incroyable sur le Tage et le pont du 25-Avril. Un lieu très agréable pour prendre un verre au soleil couchant (cependant, la cuisine est assez décevante).

Miradouro de Santa Catarina, rua de Santa Catarina, tram 25E, arrêt Rua de São Paulo/Bica • ☎ 213 465 014 • www.noobaicafe.com • Mar.-jeu. 12h-22h, ven.-sam. 12h-minuit, dim. 12h-20h • Bière : 2-4 €.

Noobai Café

SOL E PESCA
Bar ㉔ Plan D5

Pour l'apéritif, optez pour ce petit bar original et populaire logé dans une ancienne boutique de pêche. On y accompagne son verre de vin de Madère, de porto ou de moscatel, de thon, d'anchois, de sardines à l'escabèche. On peut même repartir avec sa boîte de sardines (2,60-8 €) !

Rua Nova do Carvalho, 44, M° Cais do Sodré ou tram 25E, arrêt Rua de São Paulo • ☎ 213 467 203 • www.solepesca.com • Dim.-jeu. 12h-2h, ven.-sam. 12h-3h • Bière : env. 2 €.

PARK
Bar dansant ㉕ Plan C4

Vous aimez les lieux insolites ? Prenez votre souffle, gravissez les 5 étages d'un escalier miteux, celui d'un parking (!), et vos efforts seront récompensés par la découverte de la terrasse la plus cool de la ville, noyée dans la verdure. Après un coucher de soleil inoubliable sur le pont du 25-Avril, vous pourrez vous

Povo

déhancher sur les sons rock indé, hip-hop *old school* ou funk des DJ.
Calçada do Combro, 58, tram 28E, arrêt Santa Catarina • ☎ 215 914 011 • Facebook : Park • Été : lun.-sam. 13h-2h ; hiver : mar.-sam. 13h-2h, dim. 13h-20h • Cocktail : 6,50-8,50 €.

PENSÃO AMOR
Bar et spectacles ㉖ Plan D5

Dans cette ancienne maison close, on sirote des cocktails aux noms évocateurs (Sex on the Beach, Bramble Love...) dans un décor de boudoir érotico-rétro. Une boutique coquine et une librairie érotique permettent de patienter en attendant les shows burlesques, les spectacles de *pole dance* ou les DJ sets.
Entrée rua Nova do Carvalho, 36-38 (1er ét.) ou rua do Alecrim, 19 • ☎ 213 143 399 • www.pensaoamor.pt • Dim.-mer. 12h-3h, jeu.-sam. 12h-4h • Bière : à partir de 2 € ; cocktail : 6-11 € (7-15 € le soir).

POVO
Fado ㉗ Plan D5

Chaque mois, de jeunes artistes en résidence se produisent dans cette sympathique *tasca* contemporaine et culturelle. Conso au bar ou dîner à table pour assister aux concerts de fado.
Rua Nova do Carvalho, 32-36, M° Cais do Sodré ou tram 25E, arrêt Rua de São Paulo • ☎ 213 473 403 • www.povolisboa.com • Dim.-mer. 18h-2h, jeu.-sam. 18h-4h • Fado : mar.-mer. et dim. 21h-23h, jeu.-sam. 20h-22h • Entrée : 20 €.

B. LEZA ASSOCIAÇÃO
Musique live ㉘ Plan CD5

De vastes baies vitrées s'ouvrant sur le Tage et le pont du 25-Avril, une douce pénombre, du velours rouge... L'atmosphère est à la fois cosy par l'ambiance et survoltée par la musique qui s'y joue ! Difficile de rester assis très longtemps quand la piste vous appelle pour tester votre déhanché sur un air

B. Leza Associação

d'afro house, de *kuduro* (danse angolaise survitaminée) ou de *kizomba*, musique enfiévrée originaire d'Angola : ici, les rythmes de l'Afrique traduisent les liens encore très forts entre le Portugal et ses anciennes colonies.
Rua da Cintura do Porto de Lisboa, cais da Ribeira Nova, armazém B • ☎ 210 106 837 • Facebook : B.Leza Associação • Mer.-dim. 22h30-4h • Cocktails : 6-9 €.

MUSIC BOX
Musique live ㉙ Plan D5

L'une des meilleures adresses pour écouter des groupes indé locaux et étrangers en live : pop, new wave, dub, slam et DJ sets électro... Il y en a pour tous les goûts.
Rua Nova do Carvalho, 24, M° Cais do Sodré ou tram 25E, arrêt Rua de São Paulo • ☎ 213 473 188 • www.musicboxlisboa.com • Lun.-sam. 22h-6h • Entrée : 6 € • Concerts payants.

INCÓGNITO
Club ㉚ Plan C4

Rien n'indique ce club qui se fait discret dans une rue résidentielle, à deux pas du Bairro Alto. Il faut sonner à la porte pour pénétrer dans cet antre plus vraiment secret de la musique rock indé, new wave et synthé pop. Un classique des soirées lisboètes pour les oiseaux de nuit allergiques aux clubs classiques, par conséquent vite bondé.
Rua dos Poiais de São Bento, 37, tram 28E, arrêt Rua dos Poiais de São Bento • ☎ 213 908 755 • Mer.-sam. 23h-4h • Entrée : gratuite-10 €.

L'Alfama et le Castelo de São Jorge (quartier 6 - p. 46)

CAFÉ DA GARAGEM
Bar-café ㉛ Plan F3

Le *coffee shop* du Teatro da Garagem (théâtre expérimental) est un secret bien gardé. La déco vintage, la douce lumière diffusée par des suspensions un peu vieillottes et la ville en cinémascope derrière la baie vitrée donnent envie de s'attarder dans ce lieu cosy.

Costa do Castelo, 75, tram 12E ou 28E, arrêt Rua dos Lagares • ☎ 218 854 190 • Facebook : Café da Garagem • Lun. 18h-minuit, mar.-jeu. et dim. 15h-minuit, ven.-sam. 15h-2h • Bière : 1,50-2 €.

MEMMO ALFAMA HOTEL
Lounge-bar ㉜ Plan F4

Il faut grimper tout en haut de l'hôtel Memmo Alfama pour débusquer ces divines petites terrasses perchées au-dessus du Tage et des toits de l'Alfama. Un vrai bonheur en journée pour lézarder au bord de la micropiscine, encore mieux en soirée pour siroter un cocktail : la vue est incroyablement romantique ! Ambiance lounge et petite carte de restauration.

Travessa das Merceeiras, 27, M° Terreiro de Paço, tram 12E ou 28 E,

Les meilleures TERRASSES

Si vous n'avez pas bu un verre en terrasse au soleil couchant, vous n'avez pas vraiment profité de Lisbonne... De la vue sur le Tage à l'adresse insoupçonnable, en voici pour tous les goûts.

ENTRETANTO
Vue sur l'Elevador de Santa Justa, le Castelo et la cathédrale... Voir p. 145.

NOOBAI CAFÉ
Une terrasse secrète avec vue sur le Tage et le pont du 25-Avril. Voir p. 150.

PARK
Une terrasse arborée insoupçonnée et un coucher de soleil inoubliable... Voir p. 150.

CLUBE FERROVIÁRIO
Les clubbeurs invétérés y dansent au clair de lune. Voir p. 157.

arrêt Limoeiro • ☎ 210 495 660 • www.memmohotels.com/alfama • T.l.j. 12h-23h • Cocktail : 9,50 €.

CHAPITÔ
Bar, DJ, fado ㉝ Plan E4

Une ancienne prison pour femmes reconvertie en école de cirque par Tété, la première femme clown du Portugal. Une place colorée avec une belle vue sur le Tage accueille le restaurant Chapitô à Mesa. Au sous-sol, le bar Bartô distille musiques du monde live et DJ sets.

Costa do Castelo, 7, tram 12E ou 28E, arrêt Largo das Portas do Sol • ☎ 218 855 550 • Facebook : Chapitô à Mesa • Restaurant : t.l.j. 12h-2h • Bar Bartô : mar.-dim. 22h-2h • Spectacle : tous les soirs (gratuit dim.-jeu.) ; soirée fado gratuite mar. ; musique afro dim. • Conso min. 5 €.

TASCABEAT DO ROSÁRIO
Tasca ㉞ Plan F4

Planquée dans un *beco* (ruelle) de l'Alfama, cette petite *tasca* bohème est le rêve devenu réalité du groupe de fado OqueStrada. Un concentré de douce nostalgie et de joie de vivre, de savoureux *petiscos* et des bons vins de l'Alentejo, le tout dans un ravissant décor de meubles de récup customisés. On renoue ici avec les chaleureuses *tascas* d'antan : coup de cœur assuré !

Arco do Rosário, 4, M° Terreiro do Paço • ☎ 218 870 998 • Facebook : TascaBeat do Rosário • Mar.-jeu. et dim. 18h-minuit, ven.-sam. 18h-2h • Cocktail : 5 €.

Chapitô

PARREIRINHA DE ALFAMA
Fado ㉟ Plan F4

L'un des clubs les plus célèbres de Lisbonne. Une réputation qui attire les groupes de touristes bien que l'accueil et la cuisine soient un brin décevants. Essayez en semaine et après dîner, le lieu aura retrouvé son authenticité.

Beco do Espírito Santo, 1, bus 206 ou 210, arrêt Casa do Conto • ☎ 218 868 209 • Mar.-dim. 20h-1h ; spectacle vers 21h, dîner à partir de 20h • Conso : 6-10 € avt 23h (15 € après).

CLUBE DE FADO
Fado ㊱ Plan F4

Ce club de fado attire beaucoup de groupes de touristes, donc mieux vaut passer après le dîner pour boire un cocktail. Avec un peu de chance, les musiciens joueront encore pour le plaisir.

Rua de São João da Praça, 94, tram 12E ou 28E, arrêt Limoeiro • ☎ 218 852 704 • www.clube-de-fado.com • T.l.j. 20h-2h • Dîner-spectacle à 21h30 : 55-60 €.

TEJO BAR
Bar, musique live ㊲ Plan F4

Si vous cherchez un endroit authentique et loin des sentiers battus, vous serez comblé !

Il faut pousser une banale porte d'immeuble pour découvrir ce petit bar qui propose des concerts en fin de soirée. Quelques coussins sur les bancs le long du mur, un piano et des guitares, mais surtout des discussions joyeuses, des jeux de domino et de cartes autour des tables. Les instruments sont à la disposition de tous : s'il n'y a pas de concert - la programmation est plutôt tournée vers la musique africaine -, vous pourrez vous en emparer et faire un bœuf !

Beco do Vigário, 1A • ☎ 919 953 961 • Facebook : Tejo Bar • Lun.-sam. 22h-2h • Boisson : env. 4 €.

Graça et Mouraria (quartier 7 - p. 54)

BOTEQUIM
Café ㊳ Plan F3

Lieu de réunion des intellectuels dans les années 1970 et 1980, Botequim est aujourd'hui un adorable café bohème niché au rez-de-chaussée de la Vila Sousa (voir p. 55), à deux pas du miradouro da Graça. De délicieux *petiscos* dans la tendance locavore (tout est produit localement), de la bonne musique, une ambiance 100 % authentique et des conversations joyeuses… Que demander de plus ?

Largo da Graça, 79, tram 28E, arrêt Rua de Graça • ☎ 218 888 511 • Facebook : Botequim • T.l.j. 12h-1h • Mojito : 4 €.

ROOFTOP BAR
Lounge-bar ㊴ Plan E3

Perché sur le toit du Mundial Hotel, ce lounge-bar risque bien de vous étourdir avec son panorama spectaculaire sur Lisbonne. D'un côté, la colline de l'Alfama et le Castelo, de l'autre, la colline du Bairro Alto, et en face, la Baixa et le Tage à vos pieds… Cerné de Lisboètes sur leur 31, prenez place sur un sofa confortable et ouvrez grand les yeux !

Mundial Hotel, praça Martim Moniz, 2, M° Rossio, tram 12E ou 28E, arrêt Martim Moniz • ☎ 218 842 000 • Facebook : Hotel Mundial • Été : t.l.j. 18h30-00h30 ; hiver : mar.-dim. 17h30-23h30 • Cocktail : 8-13,50 €.

Le top DES SOIRÉES FADO

Si vous souhaitez ressentir l'âme de Lisbonne, il faut absolument assister à une soirée fado. Que les chanteurs soient professionnels ou amateurs, ces représentations langoureuses sauront émouvoir les plus endurcis. À ne pas rater !

A TASCA DO CHICO

Pour écouter des amateurs dans une ambiance sympathique. Voir p. 149.

POVO

Soirées fado dans une *tasca* contemporaine. Voir p. 151.

MARIA DA MOURARIA - CASA DA SEVERA

Du fado intimiste et de qualité dans Mouraria. ci-dessous.

SR. VINHO

Une adresse réputée dans le quartier de Lapa. Voir p. 160.

DAMAS

Bar, concerts — 40 Plan F3

Sons rock ou électro, musique expérimentale ou africaine, faune cool et branchée, cuisine du monde… La jeunesse lisboète a toujours une bonne raison d'aller au Damas, un bar et une salle de concerts (jeu.-sam.) installés dans les anciens locaux d'une boulangerie industrielle de Graça.

Rua da Voz do Operário, 60, tram 28E, arrêt Graça • ☎ 912 162 249 • Facebook : Damas Bar Sala de Concertos • Mar.-jeu. 13h-2h, ven.-sam. 13h-4h, dim. 17h-20h • Entrée : gratuite ou 3 € selon programmation.

MARIA DA MOURARIA - CASA DA SEVERA

Fado — 41 Plan E3

La première *fadista* de l'histoire, Maria Severa Onofriana, décédée à 26 ans (1846), est née dans cette maison. Sous l'égide du Museu do Fado (voir p. 53), le lieu a été transformé en petite *casa do fado* avec seulement une poignée de tables. Une adresse aussi sérieuse qu'intimiste au cœur de la Mouraria populaire.

Largo da Severa, 2/2B, M° Martim Moniz • ☎ 218 860 163 ou ☎ 964 766 056 • T.l.j. 19h30-1h/2h • Fado à 21h30, conso min. 20 € • Menu *petiscos* : 35 €.

CASA INDEPENDENTE
Café-concert ㊷ Plan E2

Un palais de Mouraria reconverti en café-concert par trois jeunes Lisboètes. On y va pour découvrir la scène locale, du rock au fado, papoter dans un salon meublé façon récup, grignoter de délicieux *petiscos* ou siroter un verre dans le *biergarten*. Une adresse hors des sentiers battus et 100 % lisboète !

Largo do Intendente, Pina Manique, 45 (1er ét.), M° Intendente • ☎ 218 872 842 • www.casaindependente.com • Mar.-jeu. 14h-minuit, ven. 14h-2h, sam. 12h-2h • Bière : 2 €.

São Vicente et Santa Apolónia (quartier 8 - p. 58)

CLUBE FERROVIÁRIO
Club ㊸ Hors plan par F4

Surplombant la voie ferrée, cet ancien club privé est devenu ultra-branché. La terrasse avec vue sur le Tage prolonge le concept ferroviaire avec ses vieilles banquettes de train. Cinéma en plein air, concerts, DJ sets, il s'y passe toujours quelque chose ! On peut même y dîner en attendant que les lieux se transforment en *dance floor*.

Rua de Santa Apolónia, 59, M° Santa Apolónia • ☎ 218 153 196 • Facebook : ClubeFerroviario • Lun.-mer. 17h-2h, jeu.-ven. 16h-4h, sam. 12h-4h, dim. 16h-minuit • Entrée : 5 € jeu.-sam. à partir de 21h.

LUX FRÁGIL
Club ㊹ Hors plan par F4

Le Lux, imaginé par Manuel Reis, a marqué en fanfare l'entrée du quartier Santa Apolónia dans la nuit lisboète. La crème des DJ, des *dance floors* électriques et une terrasse spectaculaire : attendez-vous à faire la queue car c'est LE club de la ville (n'arrivez pas avant 2h). Station de taxi en face pour le retour.

Cais da Pedra, av. Infante Dom Henrique, armazém A, M° Santa Apolónia • ☎ 218 820 890 • www.luxfragil.com • Mar.-sam. 22h-6h • Entrée : 12-30 € (avec conso).

De Príncipe Real à São Bento (quartier 9 - p. 64)

FOXTROT
Bar ㊺ Plan C3

Avec son décor Années folles, on a l'impression d'entrer dans un bar new-yorkais clandestin du temps de la Prohibition... C'est le rendez-vous des jeunes Lisboètes pour un cocktail à l'ancienne enfoncé dans un fauteuil moelleux, une partie de billard dans la véranda ou une conversation animée au frais dans la cour.

Travessa de Santa Teresa, 28, bus 773, arrêt Praça das Flores • ☎ 213 952 697 • www.barfoxtrot.pt • Lun.-sam. 18h-3h, dim. 20h-2h • Cocktail : 7-9 €.

CHAFARIZ DO VINHO
Bar à vins ㊻ Plan CD3

Le premier bar à vins de Lisbonne a ouvert dans les locaux d'un ancien *chafariz*, ces réservoirs-fontaines qui fournissaient la ville en eau. La carte est étourdissante ! Profitez de l'happy hour de 18h à 20h (dégustation de quatre vins à partir de 10 €).

Rua da Mãe de Água, praça da Alegria, M° Avenida, bus 202 ou 758, arrêt Príncipe Real • ☎ 213 422 079 • www.chafarizdovinho.com • Mar.-dim. 18h-2h • Verre de vin : 3-15 €.

CINCO LOUNGE
Bar à cocktails ㊼ Plan C3

Dans une petite rue cachée entre la praça das Flores et la rua do Século se trouvent les meilleurs cocktails de Lisbonne. Aux commandes de ce lounge-bar à la façade vitrée ? Dave, un Anglais passé par Londres, Sydney et New York avant de concocter à Lisbonne sa carte de 80 cocktails.

Rua Ruben A. Leitão, 17A, bus 773, arrêt Rua da Palmeira • ☎ 213 424 033 • www.cincolounge.com • Mar.-sam. 21h-2h • Cocktails : à partir de 7 € (5 € sans alcool).

HOT CLUB DE PORTUGAL
Club de jazz ㊽ Plan D3

C'est l'un des plus vieux clubs de jazz d'Europe (1948) et l'un des plus célèbres. Le local d'origine, où s'est notamment produit Louis Armstrong, a été détruit dans un incendie et le club a rouvert à quelques pas, dans une version plus moderne. Vrais amateurs à la recherche de bon jazz, allez-y les yeux fermés !

Praça da Alegria, 48, M° Avenida • ☎ 213 460 305 • www.hcp.pt • Mar.-sam. 22h-2h • Jazz sessions : 22h30 et minuit • Entrée : 7,50-24 € ou gratuite selon programmation.

Chafariz do Vinho

TRUMPS
Club ㊾ Plan C3

Le grand classique de la nuit gay lisboète depuis plus de vingt ans, connu notamment pour ses *dance floors*, son décor changeant et ses shows de travestis. Hétéro *friendly*.

Rua da Imprensa Nacional, 104B, M° Rato, bus 202 ou 758, arrêt Rua da Escola Politécnica • ☎ 915 938 266 • www.trumps.pt • Ven.-sam. et veilles de j.f. 23h45-6h • Entrée : 10 €.

Du Museu de Arte Antiga aux docks (quartier 11 - p. 72)

FUNDAÇÃO ORIENTE
Centre culturel
㊿ Hors plan par A5

Une programmation variée entre concerts de K-Pop (pop coréenne), danse traditionnelle japonaise et chants tibétains !

Av. de Brasília, doca de Alcântara (N), tram 15E ou 18E, arrêt Avenida Infante Santo • Info et billetterie : ☎ 213 585 244 • www.museudo oriente.pt

INSTITUT FRANÇAIS DU PORTUGAL
Centre culturel 51 Plan B5

Le centre culturel, axé sur le dialogue franco-portugais et la création contemporaine, propose des projections de films en français, des spectacles de théâtre de poche ainsi que des concerts.

Rua Santos-O-Velho, 11, bus 25E • ☎ 213 999 270 • www.ifp-lisboa.com • Lun.-ven. 8h30-21h, sam. 8h30-13h.

SR. VINHO
Fado ⑫ Plan B4

Une adresse de fado bien connue grâce à la renommée de sa propriétaire, Maria da Fé (voir p. 163). Tous les soirs, quatre chanteurs et chanteuses se succèdent sous la direction artistique de cette grande dame du fado qui, hélas, ne chante plus.

Rua do Meio à Lapa, 18, tram 25E, arrêt Rua Santana à Lapa, bus 713, arrêt Lapa • ☎ 213 972 681 • www.srvinho.com • T.l.j. 19h30-2h • Fado : t.l.j. à 21h • Dîner : env. 50 € ; conso min. 25 € après 22h.

PLATEAU
Club ⑬ Plan B5

Lieu mythique, le Plateau est un régal pour les yeux si l'on aime le baroque : colonnes dorées, fresques d'inspiration mythologique... La discothèque est fidèle à sa vocation originale : pop-rock international (mâtiné années 1980), ce qui lui vaut une clientèle d'habitués.

Escadinhas da Praia, 7, tram 25E, arrêt Santos-O-Velho • ☎ 213 965 116 • Facebook : Plateau (Oficial) • Mer. et ven.-sam. minuit-6h • Boisson : 10-20 €.

Rato et Amoreiras (quartier 12 - p. 78)

SKY BAR
Rooftop ⑭ Plan CD2

Il faut attendre les beaux jours pour profiter de la terrasse du Sky Bar perchée au dernier étage de l'hôtel Tivoli. La vue spectaculaire vaut le détour si vous n'êtes pas allergique à l'ambiance lounge, cocktail et *beautiful people* (DJ et animations jeu.-sam. soir).

Hotel Tivoli, av. da Liberdade, 185, M° Avenida • ☎ 213 198 832 • www.tivolihotels.com • Mai-oct. : t.l.j. 17h-1h • Cocktail : 12 € ; bière : env. 6-9 €.

Du Parque Eduardo VII aux Avenidas (quartier 13 - p. 82)

CULTURGEST
Centre culturel
⑮ Hors plan par E1

Conçu par Arsénio Cordeiro en 1993, cet édifice délirant est le siège de la Caixa Geral de Depósitos (Caisse des dépôts portugaise). C'est aussi un centre culturel spécialisé dans les arts contemporains, qui propose expositions, concerts de jazz, films et rencontres.

Edifício Sede da Caixa Geral de Depósitos, rua Arco do Cego (1er ét.), M° Campo Pequeno • ☎ 217 905 155 • www.culturgest.pt • Billetterie : lun.-ven. 14h-19h (t.l.j. 11h-19h lors des expos).

FUNDAÇÃO GULBENKIAN
Musique classique
(56) Hors plan par D1

La fondation Gulbenkian possède son orchestre philharmonique et son corps de ballet, et reçoit aussi des formations étrangères. Sa programmation de musique classique est l'une des plus riches de Lisbonne.

Av. de Berna, 45A, M° Praça de Espanha • ☎ 217 823 700
• www.gulbenkian.pt/musica
• Billetterie : lun.-ven. 10h-19h, sam. 10h-17h30, dim. 13h-19h (les j. de concert)
• Concert et spectacle : 10-70 €.

VOIR AUSSI :

Praça de Touros | p. 85
| Hors plan par C1

Belém (quartier 14 – p. 86)

CENTRO CULTURAL DE BELÉM
Centre culturel
(57) Hors plan par A5

Théâtre, musique classique, jazz, musique contemporaine...

Une programmation éclectique et de grande qualité.

Praça do Império, tram 15E, arrêt Centro Cultural de Belém
• ☎ 213 612 400
• www.ccb.pt
• Billetterie : t.l.j. 11h-20h.

Parque das Nações (quartier 16 – p. 100)

MEO ARENA
Concerts (58) Hors plan par F1

La grande salle de concerts de Lisbonne accueille les concerts rock et pop d'envergure internationale. Attention, les places sont chères.

Pavilhão Atlântico, Parque das Nações, Rossio dos Olivais, M° Oriente
• ☎ 218 918 409 • www.arena.meo.pt
• Billetterie ABEP, Fnac ou en ligne.

CASINO LISBOA
Casino (59) Hors plan par F4

Ce casino moderne et géant ne compte pas moins de 3 restaurants, 4 bars, 1 salle de spectacle, 1 000 machines à sous et 22 tables de jeu.

Alameda dos Oceanos, M° Oriente
• ☎ 218 929 000 • www.casinolisboa.pt
• Dim.-jeu. 15h-3h, ven.-sam. et veilles de j.f. 16h-4h.

La Costa do Sol et la rive sud du Tage (quartier 18 – p. 108)

VOIR :

Casino d'Estoril | p. 109 | (60)
Plan des environs

Le fado

Mélopée triste et langoureuse qui exprime toute la *saudade* de l'âme portugaise, le fado ne peut laisser de marbre... Que les chanteurs soient professionnels ou amateurs, à Lisbonne, il faut assister sans faute à une soirée fado.

À L'ORIGINE

Les avis divergent quant aux origines du fado. On parle de chants nés sur les bateaux, exprimant la **nostalgie de marins** qui rêvaient d'un hypothétique retour au pays. On évoque aussi des **mélodies venant du Brésil ou de l'Afrique.** Quoi qu'il en soit, le fado apparaît à Lisbonne au XVIIIe s. comme une danse très sensuelle inspirée de la danse du ventre africaine. Il se transforme peu à peu en une mélodie poétique accompagnée d'arrangements musicaux à la guitare.

SAUDADE ET SÉBASTIANISME

« Fado » vient du latin *fatum*, le destin, et il exprime un sentiment proche du blues : la *saudade*, expression nostalgique d'un passé heureux et en même temps l'impuissance face au temps qui passe. Mais le fado s'alimente aussi d'un curieux espoir puisé dans une vieille légende : le sébastianisme. Le jeune roi Sebastião Ier ne serait pas vraiment mort dans la désastreuse croisade contre les Arabes en 1578 ; il devrait revenir un jour sauver son pays et lui rendre sa gloire passée !

POPULAIRE ET LISBOÈTE

Pour les Lisboètes, il n'y a de « vrai » fado qu'à Lisbonne et c'est un art de la rue. Ici, hommes et femmes des quartiers populaires se réunissent dans des tavernes et se transforment en chanteurs d'un soir pour exprimer la beauté de leur ville, les souffrances de l'amour, la pauvreté ou l'exil...

UNE MISE EN SCÈNE TRÈS MÉLO

Le ***fadisto*** ou la ***fadista*** (chanteur ou chanteuse de fado) entre en scène tout de noir vêtu. Il se campe, bien droit entre ses musiciens, la tête haute et le regard lointain. Le voilà prêt. Les deux ***guitarras***, instruments à douze cordes typiquement portugais, produisent des sons un peu métalliques qui accompagnent toute la mélodie comme de longs sanglots. Heureusement, les ***violas*** (guitares espagnoles) sont là pour donner quelques notes d'espoir...

FADO CHIC...

Attention, il y a fado et fado ! Si vous optez pour le restaurant-fado typique, version chic, vous dînerez sous une lumière tamisée en écoutant différents artistes. Ces endroits sont souvent chers et touristiques. Il faut donc bien choisir pour être sûr d'en avoir pour son argent : spectacle de qualité avec des chanteurs professionnels et bonne cuisine. C'est le cas du **Sr. Vinho** (p. 160) dans le quartier de Lapa, boîte de la célèbre fadista Maria da Fé, aujourd'hui directrice artistique... ou de la **Parreirinha** (p. 154) dans l'Alfama, tenue pendant longtemps par sa rivale, Argentina Santos, et où se produisent des grands noms du fado.

... OU FADO CHOC

Si un spectacle « pro » ne vous branche pas, allez à la recherche de l'authentique ***fado vadio*** (amateur) dans le Bairro Alto ou l'Alfama. À vous de dénicher la *tasca* (bistrot) où écouter du « vrai » fado, celui qui fait vibrer les cœurs... Il s'agit souvent de boîtes minuscules, qui ne paient pas de mine, où les habitants du quartier viennent chanter après 23h. Pas question de s'asseoir et d'attendre qu'on vous serve. C'est debout, verre d'*aguardente velha* (eau-de-vie vieillie) à la main, qu'on apprécie ces mélodies.

Discothèque idéale

Du côté des mythes, achetez sans hésiter les disques d'**Amália Rodrigues,** la grande dame du fado. **Maria da Fé** et **Argentina Santos**, ou **Carlos do Carmo** chez les hommes, constituent aussi des valeurs sûres. Pour découvrir la jeune génération qui s'est inspirée des airs de fado en les modernisant, **Mariza** *(Terra, Fado tradicional...)*, phénomène international du new fado, et **Ana Moura** sont toutes deux en tête d'affiche de la scène actuelle. Citons aussi **Madredeus**, le groupe d'**Ana Salgueiro**, célèbre depuis qu'il a mis en musique le film de Wim Wenders, *Lisbon Story*, ou encore les voix magiques de **Dulces Pontes** *(Caminhos, Lágrimas...)*, de **Mísia** *(Tanto menos tanto mais)*, d'**Amélia Mude** *(Todos os dias)*, de **Paulo Bragança**, le plus décalé des fadistes contemporains. Pour en savoir plus, foncez au **Museu do Fado** (voir p. 53).

Boutiques

PAR QUARTIER

Les coups de cœur DE NOTRE AUTEUR 2018

Notre auteur a flâné dans les ruelles de Lisbonne pour dénicher boutiques originales et tendance. Petites robes, accessoires design et cadeaux atypiques, elle a tout noté ici !

ROSA 78

Une mini-boutique à petits prix pour de superbes créations originales de jeunes stylistes portugais. Voir p. 176.

Oficina Irmaos Marques

OFICINA IRMAOS MARQUES

De l'art du sol au plafond ! De la petite pièce à glisser dans sa poche aux toiles ou au mobilier imposant, tout est design, coloré et terriblement séduisant. Voir p. 177.

PONTO LX

La boutique originale de souvenirs lisboètes typiques : sardines multicolores, hirondelles et coqs de Barcelos... Ici, tout est artisanal. Voir p. 181.

Ponto LX

A VIDA PORTUGUESA

C'est beau, c'est rétro, c'est la boutique de souvenirs la plus cool de la planète ! Voir p. 183.

REAL SLOW RETAIL CONCEPT STORE

Quantité de stands destinés aux enfants. Vêtements, chaussures, jouets rétro, livres... Et un très beau café ! Voir p. 185.

LER DEVAGAR

À la fois librairie, centre culturel et théâtre, cet immense entrepôt industriel réhabilité ne pouvait espérer plus belle seconde vie. Voir p. 188.

À SAVOIR

OÙ FAIRE DU SHOPPING ?

Petites boutiques spécialisées à l'ancienne, magasins chic et épiceries fines cohabitent dans la **Baixa.** La **rua Augusta,** qui mène à la praça do Comércio, regorge de boutiques emblématiques, tout comme ses voisines parallèles. Dans le **Chiado,** boutiques de mode et de déco sophistiquées se succèdent du côté de la rua Garrett et de la rua do Carmo. On dénichera les jeunes créateurs et les boutiques vintage, par nature éphémères, dans le **Bairro Alto,** et plusieurs boutiques branchées **rua Dom Pedro V** dans **Príncipe Real** - un quartier, d'ailleurs, qui attire les chineurs. Les grands noms de la mode portugaise s'affichent sur la très chic **avenida da Liberdade.** Procurez-vous le petit guide shopping ***ConVida*** (www.lisboa.convida.pt), mine de bonnes adresses. On le trouve dans les boutiques ou les bars, et il est gratuit.

HORAIRES

Dans les **quartiers commerçants**, les magasins sont en général ouverts du lundi au samedi de 10h à 19h, à l'exception des **petits commerces** qui font parfois une pause entre 13h et 15h et ferment le samedi après-midi (sauf en décembre). Les **boutiques du Bairro Alto** n'ouvrent pas avant midi mais ferment tard dans la soirée en fin de semaine.

SOLDES

Les **soldes d'hiver** ont lieu de fin décembre à fin février, et les **soldes d'été** de mi-juillet à mi-septembre. Tout au long de l'année, de nombreux magasins affichent des promotions intéressantes.

SE REPÉRER

Chaque adresse de boutique est associée à une pastille rouge numérotée. Vous retrouverez toutes les adresses positionnées sur le plan détachable.

Boutiques
PAR QUARTIER

La Baixa, autour de la praça do Comércio (quartier 1 - p. 24)

A OUTRA FACE DA LUA
Friperie ① Plan E4

L'antre *shabby chic* de Carla Belchior est une mine de fringues vintage des années 1960, 1970 et 1980 à prix doux. C'est une institution à Lisbonne, remplie de petites robes en coton ou en polyester (5-80 €), de jeans rétro et de maillots de bain de style pin-up. Un café à la déco vintage propose tartines et salades (env. 6 €). Vous trouverez une seconde boutique en face, Viúva Alegre, au nº 19 (lun.-sam. 10h-19h30).

Rua da Assunção, 22, Mº Baixa-Chiado • ☎ 218 863 430 • www.aoutrafacedalua.com • Lun.-sam. 10h-20h, dim. 12h-19h.

AMATUDO
Souvenirs et cadeaux
② Plan E4

On y butine de ravissants souvenirs portugais traditionnels ou remis au goût du jour (pas de *made in China* !). De petites merveilles faites main - mouchoirs des amoureux, bijoux fantaisie, broches en feutrine brodées, animaux en tissu, céramiques - voisinent avec des jouets rétro, des savons de luxe (à partir de 5 €), des sabots (20 €), sans oublier les gourmandises locales : sardines, huiles et confitures.

Rua da Madalena, 76-78, Mº Baixa-Chiado • ☎ 919 604 834 • Lun.-sam. 10h30-19h30 (dim. en août).

A Outra Face da Lua

LISBON SHOP
Souvenirs et cadeaux
③ Plan E5

Faites un saut dans la boutique de l'office de tourisme. Dans un bel espace tout blanc, un tas d'objets pour tous les goûts sont exposés : bijoux de créateurs, carnets à l'effigie de Fernando Pessoa, porcelaines traditionnelles, mugs fado ou Lisboa (4,50 €), savons aux jolis emballages rétro (3,50-20 €), petits azulejos contemporains ou anciens, céramiques, etc.

Rua do Arsenal, 15, M° Terreiro do Paço • ☎ 210 312 802 • Facebook : Lisbon Shop • T.l.j. 9h30-19h30.

SANTOS OFÍCIOS
Artisanat portugais
④ Plan E4

Du Minho à l'Algarve, toutes les régions du Portugal sont représentées. Vous découvrirez les céramiques noires de Molelos, les pièces en métal peint du Minho, les céramiques traditionnelles de l'Alentejo, des poupées en feuilles de maïs, de jolis jouets en bois... et vous sourirez certainement devant les personnages en terre cuite de Mistério ! Cette maison vous parlera avec amour des nombreux artisans dont elle fait la promotion. L'échelle de prix est large : tous les porte-monnaie pourront se satisfaire.

Rua da Madalena, 87, M° Baixa-Chiado, tram 28E, arrêt Largo da Madalena • ☎ 218 872 031 • www.santosoficios-artesanato.pt • Lun.-sam. 10h-20h.

GARRAFEIRA NACIONAL
Caviste ⑤ Plan E4

C'est l'un des grands cavistes de Lisbonne. Il offre un très vaste choix de vins de porto (voir les raretés dans la cave du fond), vins portugais, vins de Madère, moscatel de Setúbal, liqueurs locales, mais aussi whiskies, gins et vodkas. Pour la valise, optez pour les mignonnettes (coffret de cinq mini-portos à 9,50 €).

Rua de Santa Justa, 18, M° Rossio • ☎ 218 879 080 • www.garrafeiranacional.com • Lun.-ven. 9h30-19h30, sam. 9h30-19h.

Le Rossio (quartier 2 - p. 30)

CAMISARIA MODERNA
Mode homme ⑥ Plan E4

Cette boutique un brin surannée est connue de tous les Lisboètes. António Regojo Rodriguez, son fondateur, a été décoré par l'ancien président de la République portugaise, Mário Soares, pour son action en faveur des handicapés et des personnes âgées. Ici, vous pourrez vous faire fabriquer sur mesure une chemise dans le tissu de vos rêves (80 € en coton, 240 € en soie). Si vous êtes de passage, Camisaria Moderna l'expédiera une fois terminée. Également

du prêt-à-porter et un rayon grandes tailles bien fourni.
Praça Dom Pedro IV, 110, M° Rossio • ☎ 213 242 860 • www.camisariamoderna.com • Lun.-sam. 10h-19h.

LUVARIA ULISSES
Gants ⑦ **Plan E4**

Aucun doute, vous avez déniché la plus petite vitrine de Lisbonne. Ici, tout vous ira « comme un gant » ! Cuir souple, peau retournée, daim, dentelle, couleurs classiques ou tons à la mode, avec ou sans piqûres... des *luvas* (gants) pour toutes les occasions (à partir de 46 € pour un article en cuir). Posez votre main sur le coussin du comptoir et laissez-vous ganter comme on le fait ici depuis 1923... Attention, pas plus de deux personnes à la fois dans la boutique !
Rua do Carmo, 87A, M° Rossio • ☎ 213 420 295 • www.luvariaulisses.com • Lun.-sam. 10h-19h.

DISCOTECA AMÁLIA
Musique ⑧ **Plan E4**

Ce disquaire un peu vieillot est une adresse incontournable pour les amateurs de fado. Accueillis par le portrait de la grande Amália (dont vous êtes sûr de trouver tous les enregistrements sur place), les collectionneurs avertis y dénicheront à coup sûr des raretés (1-35 €) !
Rua Áurea, 272, M° Baixa-Chiado • ☎ 213 420 939 • Lun.-ven. 10h-13h et 14h-19h, sam. 10h-16h.

Discoteca Amália

MANUEL TAVARES
Épicerie fine ⑨ **Plan E4**

Les étagères de cette épicerie fine regorgent de marchandises, la confiserie côtoie les spécialités régionales et les parfums se mélangent. C'est l'un des endroits où acheter vos souvenirs culinaires : *queijo da Serra* (fromage de brebis) à 27,70 € le kilo, *beira Baixa* (jambon cru), charcuterie alentéjane (*chouriço*, pieds de porc, saucissons fumés et *alheiras de Mirandela*), des confitures de couvent et des portos.
Rua da Betesga, 1A/B, M° Rossio • ☎ 213 424 209 • www.manueltavares.com • Lun.-sam. 9h30-19h30.

ANTIGA CASA DO BACALHAU
Épicerie fine ⑩ Plan E3-4

En plein centre-ville, le roi de la morue vous en présente toutes les variétés dans une échoppe très... authentique, avec une odeur qui l'est tout autant ! Si vous voulez vous faire un *bacalhau com natas* à votre retour, demandez des *postas* bien épaisses et emballez-les soigneusement dans du plastique pour le voyage ! Sinon, conserves de thon et de sardines à partir de 1,10 €.

Praça da Figueira, 2B, M° Rossio • ☎ 213 426 256 • Lun.-ven. 9h-19h, sam. 9h-13h.

CASA MACÁRIO
Caviste-brûlerie ⑪ Plan E4

Importateur depuis le début du XXe s., la maison Macário offre une incroyable variété de cafés des anciennes colonies portugaises (Brésil, 14 €/kg ; îles de São Tomé, 23 €/kg, Afrique, Timor, Indonésie) qu'elle torréfie sur place. Vous y trouverez aussi le plus vieux porto de Lisbonne, ou celui de vos rêves, un *colheita*, un *LBV* ou un *vintage* (voir p. 139).

Rua Augusta, 272-276, M° Rossio • ☎ 213 420 900 • www.casamacario.com • Lun.-sam. 9h-20h, dim. 14h-20h.

Le Chiado, autour de l'Igreja do Carmo (quartier 3 - p. 34)

LUA DE CHAMPAGNE
Mode femme ⑫ Plan D4

Lua de Champagne propose des fringues aux couleurs pétillantes dans la tendance chic bohème. La ligne maison joue avec les paillettes ou les couleurs fluo pour une garde-robe pleine de bonne humeur (entre 15 et 74 €). Côté accessoires, les tentations sont multiples avec de ravissants bijoux fantaisie de créateurs portugais et de jolis foulards aux tons poudrés.

Calçada do Sacramento, 17, M° Baixa-Chiado • ☎ 965 36 00 35 • Facebook : Lua de Champagne • Lun.-sam. 12h-20h.

EUREKA
Chaussures ⑬ Plan E4

Des chaussures pour homme et femme fabriquées au Portugal et signées Filipe Sousa, Nuno Gama ou Eureka. La boutique regorge de modèles tendance, élégants et de bonne qualité à partir de 65 € ! Vous pourrez aussi dénicher sacs en cuir et accessoires de mode.

Rua Nova do Almada, 26-28, M° Baixa-Chiado • ☎ 213 468 173 • www.eurekashoes.com • T.l.j. 10h-19h30.

SAPATARIA DO CARMO
Chaussures ⑭ Plan D4

Fondée en 1904, cette boutique emblématique est l'une des plus

Notre top
MODE & ACCESSOIRES

Il n'y a pas à dire, les Portugais sont très forts en design ! Et ce jusqu'au moindre détail : même les accessoires regorgent d'originalité. Mélanges inattendus, alliages surprenants, récup et travail de la coupe sont les grands atouts des vêtements et des accessoires de cette sélection.

Amélie au Théâtre

LUA DE CHAMPAGNE

L'adresse idéale pour refaire sa garde-robe avec des pièces originales et pétillantes.
Voir p. 170.

ESPAÇO B

La mode homme urbaine et décontractée côté vêtements, vintage côté accessoires.
Voir p. 177.

AMÉLIE AU THÉÂTRE

Amélia Rodrigues, designer mode renommée au Portugal, opère une sélection soignée de bijoux et accessoires en tous genres.
Voir p. 185.

LUVARIA ULISSES

Une fabuleuse microboutique spécialisée dans les gants en cuir : une impressionnante déclinaison de styles ! Voir p. 169.

vieilles de Lisbonne. On s'y fait chausser avec un petit plaisir nostalgique dans un charmant décor années 1950, entre banquettes de velours cramoisi et petits tiroirs à chaussures *old school*. Derbys et mocassins pour ces messieurs, escarpins ou bottes cavalières pour ces dames, tout est fait main au Portugal (de 90 à 260 €). La deuxième boutique, au n° 27, Shoes You, propose des modèles plus *casual* et *sportwear*.

Largo do Carmo, 26,
M° Baixa-Chiado
• ☎ 213 423 386
• www.sapatariadocarmo.com
• Lun.-sam. 10h-13h30 et 14h15-20h, dim. 11h-19h.

UP ! TOWN LISBOA
Mode homme ⑮ Plan D4

Chez Bruno et Jacob, c'est la tendance sportswear qui domine avec un mix de marques internationales : polos Merc à la coupe Mods, chemises fleuries Ganesh, denims Scotch & Soda et autres nippes signées Henri Cotton's ou TS Collection. Vous y trouverez de quoi vous chausser branché ainsi qu'un grand choix de maillots de bain (45-72 €) au fond de la boutique.

Rua da Misericórdia, 68, M° Baixa-Chiado• ☎ 916 963 731 • Facebook : UP! town Lisboa • Lun.-sam. 10h30-20h, dim. 14h30-20h.

ÁS DE ESPADAS
Friperie ⑯ Plan D4

Pour les âmes rétro, cet antre vintage renferme une belle sélection de vêtements des années 1920 à 1990, à prix étonnamment doux. Petites robes façon Twiggy (autour de 35 €), escarpins glamour, foulards en soie et petits sacs en cuir irrésistibles, difficile de repartir les mains vides ! La deuxième boutique aux n°s 26-28 est spécialisée dans les habits vintage masculins.

Calçada do Carmo, 42, M° Rossio • ☎ 916 789 199 • Lun.-sam. 12h-20h.

QUIOSQUE DAS BONECAS
Enfants ⑰ Plan D4

Poupées, peluches tricotées ou en tissu, boîtes à musique et grosses toupies en fer (à partir de 8,95 €), rééditions de jouets rétro en bois, jeux amusants ou coffrets créatifs... Vous trouverez sûrement de quoi faire plaisir à vos amours en culotte courte dans cette petite station à jouets du Chiado.

Largo de São Carlos, 11, M° Baixa-Chiado • ☎ 913 991 765 • Facebook : Quiosque Das Bonecas • Lun.-sam. 10h30-19h.

CASA DAS ÁGUAS
Déco ⑱ Plan E4

Un bric-à-brac où il fait bon chiner ! Les objets insolites sont légion :

casquettes de l'armée russe, vieux appareils photo, machines à écrire, petites voitures, céramiques portugaises très kitsch, pancartes de pub en émail, 45 tours de fado, poudriers Art déco, lustres *sixties* et toute une ribambelle de boîtes en fer au design rétro. À vous de trouver la perle rare !
Rua Áurea, 243, M° Baixa-Chiado ou Rossio • ☎ 961 696 758 • Lun.-ven. 10h30-19h30, sam. 15h-19h.

VISTA ALEGRE
Arts de la table ⑲ Plan D4

Fondée en 1824 près d'Aveiro, petite ville au nord du Portugal, Vista Alegre est la plus réputée des fabriques de porcelaine portugaises. La boutique présente des lignes classiques ainsi que de jolis modèles modernes, dont les fantaisies de Bordalo Pinheiro (petite grenouille 6-10 €), à des prix beaucoup plus abordables que le « Limoges » !
Largo do Chiado, 20-23, M° Baixa-Chiado • ☎ 213 461 401 • www.vistaalegreatlantis.com • Lun.-sam. 10h-20h, dim. et j.f. 11h-20h.

PARIS EM LISBOA
Linge de maison ⑳ Plan D4

À la Belle Époque, les élégantes y achetaient le dernier tissu à la mode ou s'y faisaient tailler des robes haute couture. La boutique, ouverte en 1888, a conservé ses belles boiseries. Trois étages de beau linge pour la maison (nappes brodées, serviettes de toilette *made in Torres Novas*, chemises de nuit et pyjamas...) et une ribambelle d'objets au charme rétro : brosses à cirer, pinces à linge, savons de luxe de la marque centenaire Claus Porto (7, 90 € la savonnette)...
Rua Garrett, 77, M° Baixa-Chiado, tram 28E, arrêt Chiado • ☎ 213 424 329 • www.parisemlisboa.pt • Lun.-sam. 10h-19h.

TERESA ALECRIM
Linge de maison ㉑ Plan E4

Le magasin des petits cadeaux raffinés et légers dans la valise ! Beaucoup de choix à des prix doux : torchons en lin, serviettes de table (env. 5 €) et de toilette (à partir de 15 €), sets de table et nappes, vous aurez l'embarras du choix. Avec ses jolies couleurs et son superbe ruban comme emballage, votre petit paquet fera un certain effet !
Rua Nova do Almada, 76, M° Baixa-Chiado • ☎ 213 421 831 • www.teresaalecrim.com • Lun.-ven. 10h-19h, sam. 10h-13h30 (19h déc.). Autre adresse : Centro Comercial das Amoreiras, av. Engenheiro Duarte Pacheco (A1-2), M° Rato, bus 713 ou 758, arrêt Amoreiras • ☎ 213 833 335 • T.l.j. 10h-23h.

LIVRARIA FERIN
Librairie ㉒ Plan E4

Outre les nombreux ouvrages en français sur les grands personnages historiques, vous trouverez les incontournables de la littérature lusophone traduits dans la langue de Molière : Antunes,

Pessoa, Saramago, Miguel Sousa Tavares… L'occasion de repartir avec *Les Lusiades* de Camões.
Rua Nova do Almada, 70-74, M° Baixa-Chiado ou Rossio • ☎ 213 424 422 • http://www.ferin.pt • Lun. 10h-20h, mar.-jeu. 10h-22h, ven.-sam. 10h-minuit, dim. 10h-19h.

COMPANHIA NACIONAL DE MÚSICA
Musique ㉓ Plan E4

L'adresse est très sérieuse en matière de musique classique, de musique en langue portugaise et de fado. Les néophytes qui font leurs premiers pas dans le monde du fado y seront aussi bien conseillés que les mélomanes. La maison, qui produit, édite et distribue, possède son propre catalogue et un fonds de partitions de musique.
Rua Nova do Almada, 60, M° Baixa-Chiado ou Rossio • ☎ 213 420 918 • www.cnmusica.com • Lun.-ven. 10h-20h, sam. 10h30-20h.

LOUIE LOUIE
Musique ㉔ Plan E4

Puristes du vinyle et amateurs de musique indé vont aimer fouiner les bacs de ce magasin de disques du Chiado. Rock, pop, électro mais aussi musique portugaise, funk, disco et bossa brésilienne constituent la manne principale de ce joli stock de vinyles (à partir de 10 €). Platines à disposition pour faire son choix. Café sur place.
Escadinhas do Santo Espírito da Pedreira, 3 (par la rua Nova do Almada), M° Baixa-Chiado • ☎ 213 472 232 • www.louielouie.biz • Lun.-sam. 11h-19h30, dim. et j.f. 15h-19h30.

O MUNDO DO LIVRO
Gravure ㉕ Plan D4

C'est la meilleure adresse de Lisbonne pour les gravures en tout genre. Rodrigues Pires est un expert que l'on vient consulter des quatre coins du monde. Trois étages de gravures originales : XVIe, XVIIe et XVIIIe s. sur tous les thèmes possibles et imaginables, et une gamme de prix très étendue (de 2 à 5 000 €).
Largo da Trindade, 11-12, M° Baixa-Chiado, bus 202 ou 758, arrêt Largo Trindade Coelho • ☎ 213 469 951 • Facebook : O Mundo do Livro (Chiado) • Lun.-sam. 10h-19h.

FABRICA FEATURES
Souvenirs et cadeaux
㉖ Plan D4

Perché au 4e étage du magasin Benetton, Fabrica est le showroom branché des jeunes designers portugais. Vaisselle design, carnets aux couvertures funky (autour de 6 €), sacs en toile imprimée, stickers, céramique futuriste, livres… tout est chouette. À voir, le vieil ascenseur au rez-de-chaussée, relique de l'ancien magasin. Magnifique !
Rua Garrett, 83, M° Baixa-Chiado • ☎ 213 256 764 • www.fabricafeatures.com • Lun.-sam. 10h-20h, dim. et j.f. 11h-19h.

CASA HAVANEZA
Tabac ㉗ **Plan D4**

L'adresse est mythique et citée dans tous les romans d'Eça de Queirós ! C'est que le premier bureau de tabac du Portugal, ouvert en 1864, a vu défiler toute l'élite intellectuelle et politique du XIXe s. et du début du XXe s. Son décor de bois tout en lignes courbes, réalisé dans les années 1960 par Carvalho, est superbe. Ancien fournisseur officiel de la famille royale, la maison est spécialisée dans le cigare cubain (de 5,50 € à 34 € l'unité) et propose tous les accessoires du fumeur. Belle sélection de pipes.

Largo do Chiado, 25, M° Baixa-Chiado • ☎ 213 420 340 • www.casahavaneza.pai.pt • T.l.j. 10h-19h.

Tscha, tscha, tscha...

Les premiers Portugais arrivés à Canton découvrent avec enchantement un rituel magique et une boisson purificatrice : le *tscha*... Ce vocable chinois désigne une plante médicinale, utilisée depuis plus de 4 000 ans pour purifier le corps et aiguiser les sens. Le thé, puisque c'est de lui qu'il s'agit, prend donc vers 1520, avec bien d'autres épices, la route du Portugal. C'est, dit-on, le mariage de Catherine de Bragance avec Charles II d'Angleterre en 1662 qui aurait permis l'introduction de ce breuvage outre-Manche (la princesse portugaise étant une adepte du *five o'clock tea* !). Pour acheter du *tscha* - ou *chà* - à Lisbonne, deux adresses incontournables dans le Chiado : Casa Pereira et A Carioca.

Casa Pereira • Rua Garrett, 38 (D4), M° Baixa-Chiado • ☎ 213 426 694 • Lun.-sam. 9h-19h, f. j.f. Env. 4 €/100g.
A Carioca • Rua da Misericórdia, 9 (D4) • M° Baixa-Chiado • ☎ 213 420 377 • Lun.-ven. 9h-19h, sam. 9h-13h.

Bairro Alto et l'Igreja de São Roque (quartier 4 - p. 38)

WE THREE - LOJA DO CHIADO
Mode femme ㉘ Plan D4

Cette superbe boutique expose les créations de trois stylistes portugaises : vêtements ethniques et chic de TM Collection, patchworks de tissus brodés et imprimés à la main. Côté accessoires : sacs et ceintures en cuir bohèmes ou girly de Muu et les irrésistibles chaussures signées Catarina Martins (sandales 80-300 €).

Rua da Misericórdia, 102, M° Baixa-Chiado • ☎ 213 472 293 • Lun.-sam. 10h30-19h30.

We Three

ROSA 78
Mode et accessoires
㉙ Plan D4

Dans cette boutique lilliputienne du Bairro Alto sont réunies les créations originales de jeunes stylistes portugais. Outre les vêtements, toute une ribambelle d'accessoires à faire craquer les âmes baba cool ou fleur bleue : bijoux en pâte à modeler, porte-monnaie en cuir, en plastique ou en feutrine et sacs improbables. Le tout à prix doux !

Rua da Rosa, 78, bus 202 ou 758, arrêt Largo Trindade Coelho • ☎ 968 219 213 • Lun.-mar. et sam. 12h-20h, mer.-ven. 12h-23h.

SKYWALKER
Mode homme ㉚ Plan D4

Tee-shirts graphiques, chemises à carreaux Supremebeing (35 €), gilets de hipsters, sweats revus et corrigés, marcels modernisés et shorts aux imprimés décalés… on déniche de vrais petits trésors streetwear dans cette échoppe branchée. Pour compléter la tenue, des baskets *street style*, des casquettes bariolées et des montres Casio (à partir de 25 €) tout droit sorties des années 1980.

Rua do Norte, 12, M° Baixa- Chiado, tram 28E, arrêt Praça Luís de Camões • ☎ 213 461 048 • Facebook : Sky Walker (Bairro Alto) • Lun.-jeu. 10h-21h, ven.-sam. 10h-22h, dim. 15h-20h.

ESPAÇO B
Mode homme (31) Plan C3

Une boutique aux allures de galerie d'art où ces messieurs pourront dénicher montres *eighties* revisitées, lunettes d'aviateur, parfums, besaces et livres d'art ou de design. Côté mode, on opte pour un look urbain et décontracté avec des tee-shirts aux imprimés originaux signés Misericordia, Nixon, Play, Criminal Damage ou de la marque lisboète +351.

Rua Dom Pedro V, 120, bus 202 ou 758, arrêt Príncipe Real • ☎ 213 461 210 • Facebook : Espaço B Espaço B • Lun.-sam. 10h30-19h30.

A FÁBRICA DOS CHAPÉUS
Chapeaux (32) Plan D4

Luís a des idées plein la tête et en fait des chapeaux ! Des casquettes militaires, des panamas revisités, des bérets ou des chapeaux très *british*. Les filles s'y feront également plaisir avec des chapeaux-cloches, des chapeaux de plage ou des casquettes gavroche. C'est tendance, élégant et abordable (casquettes à partir de 16 €, chapeaux à partir de 29 €).

Rua da Rosa, 118, bus 202 ou 758, arrêt Largo Trindade Coelho • ☎ 913 086 880 • www.afabricadoschapeus.com • Lun.-jeu. 11h-20h30, ven.-sam. 11h30-21h.

OFICINA IRMÂOS MARQUES
Déco (33) Plan D4

C'est un bric-à-brac savamment agencé, qui présente autant des pièces d'art imposantes que de petits bibelots à embarquer dans sa valise, à des prix très convenables. Du design, des tableaux, des statuettes un peu folles, du mobilier et des sculptures, avec une dominante : de la couleur, beaucoup de couleur. Un lieu pimpant, qui se visite comme un petit musée dans lequel on pourrait piocher.

Rua Luz Soriano 71, bus 202 ou 758, arrêt Largo Trindade Coelho • ☎ 912 908 655 • www.oficinairmaosmarques.com • Mer.-sam. 10h30-18h30.

CORK & CO
Déco (34) Plan D4

C'est étonnant de voir tout ce que l'on peut faire avec du liège. Outre les bijoux (à partir de 15 €), les sacs et les écharpes, le liège s'invite dans toute la maison et se la joue design : fauteuil, abat-jour, set de table, seau à champagne, vaisselle (mugs mixant céramique et liège, 7 €). Résistant à l'eau et à la chaleur, naturel et recyclable, le matériau emblématique du Portugal s'inscrit très bien dans la tendance *eco-friendly* du moment.

Rua das Salgadeiras, 10, tram 28E, arrêt Praça Luís de Camões • ☎ 216 090 231 • www.corkandcompany.pt • Lun.-jeu. 11h-22h (21h en hiver), ven.-sam. 11h-minuit.

SOLAR
Azulejos (35) Plan D3

Vous voulez un panorama de l'art de l'azulejo ? Cet antiquaire réputé propose un échantillon incroyable de carreaux du XVIe s. aux années 1930 : *figura avulsa*, frises bleu et jaune, *painéis*... De toutes tailles et pour toutes les bourses (à partir de 10 €). La boutique mérite le coup d'œil.

Rua Dom Pedro V, 70, bus 202 ou 758, arrêt São Pedro de Alcântara • ☎ 213 465 522 • Lun.-ven. 10h-19h, sam. 10h-13h (f. sam. juil.-août).

COBALTO
Souvenirs et cadeaux
(36) Plan D4

C'est une boutique de souvenirs qui présente les traditionnels azulejos et autres sardines en céramique, ainsi que quelques bijoux fantaisie. Rien que vous n'aurez vu ailleurs, mais ici vous serez sûrs d'acheter des produits fabriqués par des créateurs portugais, car la propriétaire travaille avec six fournisseurs locaux pour les céramiques, et une designer de bijoux. Uniquement de l'authentique !

Rua do Norte, 94, bus 202 ou 758, arrêt Largo Trindade Coelho • ☎ 938 250 005 • T.l.j. 11h-23h.

Cais do Sodré et Bica (quartier 5 - p. 42)

STORYTAILORS
Mode femme (37) Plan D5

João Branco et Luís Sanchez, ou la nouvelle génération haute couture avec des créations fantasques...

Calçada do Ferragial, 8, M° Cais do Sodré • ☎ 213 432 306 • www.storytailors.pt • Mar.-sam. 11h-19h.

CUTIPOL
Arts de la table (38) Plan D4

La grande marque de coutellerie portugaise s'est donné un nouveau look. Des boutiques à la déco plutôt design : meubles en bois clair, étagères en verre dépoli et éclairages doux. La gamme de couverts (à partir

Oficina Irmâos Marques, p. 177

de 135 €) s'est élargie avec des modèles très modernes. Par exemple, la référence Madison, qui connaît un grand succès auprès des restaurants branchés du monde entier.
Rua do Alecrim, 113-115, tram 28E, arrêt Praça Luís de Camões • ☎ 213 225 075 • www.cutipol.pt • Mar.-sam. 10h-14h et 15h-19h.

MEMÓRIAS DO TEMPO
Déco (39) Plan C4

Dans une belle mise en scène, on trouve pêle-mêle jouets anciens, instruments marins et scientifiques, affiches de publicité Art nouveau, porcelaines et une myriade de curiosités absolument exquises ! Dans la boutique du n° 63, logée dans une épicerie du XIXe s. avec ses meubles d'origine, sommeille une très belle collection de poupées anciennes (à partir de 50 €).
Calçada do Combro, 63-69, tram 28E, arrêt Santa Catarina • ☎ 213 423 553 • www.memoriasdotempo.com • Lun.-ven. 10h30-13h30 et 15h-19h30, sam. 10h30-13h30 et 15h-18h30.

FÁBRICA SANT'ANNA
Azulejos (40) Plan D4

Sant'Anna est l'une des rares fabriques du XVIIIe s. à produire encore céramiques et azulejos. Tout y est fait à la main selon des procédés traditionnels. La boutique propose des panneaux, des copies de motifs anciens, des objets décoratifs et des petits souvenirs (à partir de 4 €). L'atelier, situé à Belém, peut se visiter (Sant'Anna, calçada da Boa Hora, 96, hors plan par A5, ☎ 213 638 292, visite gratuite sur résa).
Rua do Alecrim, 95, M° Baixa-Chiado, tram 28E, arrêt Praça Luís de Camões • ☎ 213 422 537 • www.santanna.com.pt • Lun.-ven. 9h30-19h, sam. 10h-19h.

VOIR AUSSI :

Loja das Conservas | p. 43 | (41) Plan D5

L'Alfama et le Castelo de São Jorge (quartier 6 - p. 46)

CHI-CORAÇÃO
Mode femme (42) Plan F4

Si vous aimez les teintes et les tissus naturels, Chi-Coração est fait pour vous ! Dans l'agréable boutique où le bois domine, des créations artisanales et portugaises du meilleur goût : capes amples (75-150 €), tricots agrémentés de broches en feutrine, sacs en lin ou en laine, écharpes et, pour les soirées d'hiver, pantoufles fourrées en laine de mouton. Jetez un œil aux plaids et aux figurines naïves.

Rua Augusto Rosa, 22-24, tram 12E ou 28E, arrêt Sé • ☎ 969 307 096 • www.chicoracao.pt • T.l.j. 10h-21h.

BARBEARIA OLIVEIRA
Barbier (43) Plan F4

Vieux fauteuils, *calçada* portugaise au sol et objets d'un autre temps… Il règne un doux parfum d'antan chez ce petit barbier branché du Rossio. Ces messieurs pourront s'y arrêter pour un rasage à l'ancienne ou une coupe de cheveux stylée à petit prix.

Rua dos Remédios, 27, bus 206 ou 210, arrêt Casa do Conto • ☎ 966 579 835 • Facebook : Barbearia Oliveira • Lun.-sam. 9h30-19h • Coupe : 10 € ; rasage : 10 €.

ERA UMA VEZ UM SONHO
Enfants (44) Plan F4

Il était une fois un rêve… ou une plongée dans un conte de fées !

Caulino

Dans son échoppe-atelier, Julieta Franco, illustratrice de livres pour enfants, transforme d'un coup de baguette magique ses petits personnages imaginaires en poupées de tissu multicolore (à partir de 16 €) : princesses, fées, pieuvres, poules, arbres magiques… Tout est fait main, du petit hochet aux berceuses en tissu, des tee-shirts aux sacs en toile (10 €), imprimés de joyeux motifs.

Rua do Barão, 28, tram 12 ou 28E, arrêt Limoeiro • ☎ 968 801 455 • www.eraumavezumsonho.com • Lun.-sam. 10h-20h.

CAULINO
Céramique 45 Plan E4

Faites une halte dans l'atelier de Catia Pessoa, une jeune céramiste bourrée de talent et d'imagination. Entre les bustes souris ou poulet, les plats froissés ou les vide-poches minimalistes, ces pièces délirantes ou poétiques bousculent la céramique portugaise. Petites pièces à partir de 15 €. Catia propose aussi des ateliers (90 € le mois pour 2 h/sem. ; 160 € le mois pour 4 h/sem.).
Rua de São Mamede, 28, M° Baixa-Chiado • ☎ 917 296 439 • www.caulinoceramics.com • T.l.j. 11h-18h.

SILVA E FEIJÓO
Épicerie fine 46 Plan E4

Ancienne fabrique de cordes pour la navigation, cette échoppe de 1919 tout en pierre abrite une épicerie où vous pourrez faire le plein de produits typiques : charcuterie, boîtes de sardines, gelée de porto, douceurs de couvent, confitures, miel, cookies au gingembre, *ginja*, moscatel et vins de Madère… entre bouchons en liège et ustensiles de cuisine.
Rua dos Bacalhoeiros, 117, M° Terreiro do Paço • ☎ 912 163 084 • http://silvaefeijoo.pt • Lun.-sam. 10h-13h30 et 14h30-19h.

PONTO LX
Souvenirs et cadeaux
47 Plan F4

Inès Areal Silva est une jeune créatrice qui confectionne de délicieux objets décoratifs en tissu. Sa petite échoppe pullule de sardines multicolores de toutes tailles (à partir de 8,50 €) - aujourd'hui copiées par les boutiques de souvenirs -, d'hirondelles et de coqs de Barcelos sympathiques. On aime aussi les colliers en textile et les pantoufles typiques du Nord faites par la grand-mère.
Rua Augusto Rosa, 23, tram 12E ou 28E, arrêt Sé • ☎ 210 183 213 ou ☎ 912 421 929 • Facebook : Ponto LX • T.l.j. 11h-19h.

O VÔO DA ANDORINHA
Souvenirs et cadeaux
48 Plan F4

Si vous aimez les boutiques créatives, voici une adresse hors des sentiers battus, vitrine bohème d'une trentaine de créateurs locaux. Au menu, du fait main, des pièces recyclées, de l'originalité et de la bonne humeur : bijoux en touches de machine à écrire, portefeuilles confectionnés avec des sacs en plastique ou en pneu de vélo, meubles customisés, tee-shirts graphiques en éditions limitées (environ 43 €) et garde-robe vintage.
Rua do Barão, 28, tram 12E ou 28E, arrêt Limoeiro • ☎ 936 968 888 • Lun.-sam. 9h30-20h.

A ARTE DA TERRA
Souvenirs et cadeaux
49 Plan F4

Derrière la cathédrale se cache un autre sanctuaire : celui de

A Vida Portuguesa

l'artisanat portugais ! Dans une vaste salle, aux murs blanchis à la chaux et au sol pavé de gros galets, sont exposés les œuvres et les travaux d'artistes et d'artisans de tout le pays : linge de maison brodé aux couleurs joyeuses, patchworks, chaussons traditionnels (env. 20 €), mouchoirs d'amoureux, poupées molles, statuettes naïves et vêtements de créateurs.

Rua Augusto Rosa, 40, tram 12E ou 28E, arrêt Limoeiro • ☎ 212 745 975 • www.aartedaterra.pt • T.l.j. 11h-20h ; f. 25 déc. et 1er janv.

VOIR AUSSI :

Conserveira de Lisboa | p. 47 | (50) Plan E4

Graça et Mouraria (quartier 7 - p. 54)

A LOJA
Artisanat (51) Plan E4

La Française Marie-Gabrielle de Saint-Venant a ouvert une délicieuse boutique mêlant objets poétiques de l'artisanat portugais, trouvailles vintage et curiosités. Assiettes ornées d'hirondelles de Margarida Fernandes, poteries multicolores de l'Alentejo, crème aux amandes Aline (une recette de grand-mère miraculeuse à env. 5 €), icônes religieuses kitsch *(registos)*, robes vintage ou bijoux branchés *made in Lisbon* par Vanessa... On craque !

Rua de São Cristóvão, 3, M° Rossio • ☎ 915 368 190 • Facebook : A LOJA, Lisboa • Lun.-sam. 10h30-19h.

A VIDA PORTUGUESA
Souvenirs et cadeaux
(52) Plan E2

Un parfum de *saudade* embaume cette boutique de souvenirs logée dans une ancienne fabrique d'azulejos. Papeterie, cosmétiques (savon artisanal 5,50 €), gourmandises, ustensiles de cuisine, jouets en bois ou vêtements, on ne trouve ici que des objets portugais touchants et poétiques, parfois curieux ou kitsch, souvent oubliés et remis sur le devant de la scène, ou issus de la jeune création portugaise.

Largo do Intendente Pina Manique, 23, Mº Intendente • ☎ 211 974 512 • www.avidaportuguesa.com • T.l.j. 10h30-19h30. Autre adresse : rua Anchieta, 11 • ☎ 213 465 073 • Lun.-sam. 10h-20h, dim. et j.f. 11h-20h.

São Vicente et Santa Apolónia (quartier 8 - p. 58)

CERÂMICA S. VICENTE
Azulejos (53) Plan F3

Restauratrice de métier, Cristina Pina décore dans la plus pure tradition azulejos et faïences dans son petit atelier : reproductions fidèles ou inspirations de motifs anciens, beaux plats en faïence bleu et blanc, petits bols, boîtes à bijoux et carreaux dans tous les formats (4-17 €).

Rua de São Vicente, 31, tram 12E ou 28E, arrêt São Tomé • ☎ 961 800 114 • Facebook : Cerâmica S. Vicente • Lun.-sam. 10h30-18h30 (appeler avt de préférence).

FEIRA DA LADRA
Souvenirs et cadeaux
(54) Hors plan par F3

Vieux vinyles, céramiques, livres poussiéreux, fripes, cartes postales sépia et objets déco kitschissimes éparpillés à même le sol... La « foire à la voleuse » est un vrai bric-à-brac de vieilleries en tout genre qui vaut plus pour l'ambiance que pour la chine. Mais cherchez bien et vous ferez des trouvailles.

Campo de Santa Clara • ☎ 219 233 919 • Mar. et sam. 9h-18h.

PORTA 16
Souvenirs et cadeaux
(55) Plan F3

L'échoppe de ces sept créatrices fourmille de jolis objets artisanaux : tasses à café en céramique à pois (7 €), porte-monnaie de grand-mère tricoté, cartes postales (1 €) illustrées à la main, bijoux en terre cuite émaillée (3 €)... Prix tout doux pour cadeaux mignons et uniques.

Rua de São Vicente, 28, tram 12E ou 28E, arrêt São Tomé • ☎ 964 540 428 • Facebook : Atelier Porta 16 • Lun.-ven. 11h-17h, sam. 10h-17h.

Les meilleures BOUTIQUES VINTAGE

On peut dénicher à Lisbonne des trésors de déco ou vêtements vintage à rapporter en souvenir. Voici notre top 5 de la chine *made in Lisboa* :

A OUTRA FACE DA LUA

Une institution lisboète pour s'habiller vintage (années 1960-1980). Voir p. 167.

ÁS DE ESPADAS

De jolis trésors de la mode vintage des années 1920 aux années 1990. Voir p. 172.

CASA DAS ÁGUAS

Délicieux bric-à-brac insolite en plein cœur du Chiado. Voir p. 172.

MEMÓRIAS DO TEMPO

Jolie boutique de trouvailles et de curiosités. Voir p. 179.

Oficina à Lapa

OFICINA À LAPA

De la déco vintage relookée par des designers : on adore ! Voir p. 188.

De Príncipe Real à São Bento (quartier 9 – p. 64)

ENTRE TANTO
Concept-store ⑤⑥ Plan C3

Moins spectaculaire qu'Embaixada (voir p. 65), cet autre concept store n'en est pas moins une jolie galerie marchande pour faire son shopping mode ou déco. Cette grande maison typique de l'architecture pombaline est une mine d'idées à cueillir de pièce en pièce avec pas moins d'une trentaine de détaillants et trois espaces dédiés aux pauses gourmandes.

Rua da Escola Politécnica, 42,
bus 202 ou 758,
arrêt Rua da Escola Politécnica
• ☎ 961 204 571
• www.entretanto.pt
• T.l.j. 12h-20h (restaurant 10h-2h).

AMÉLIE AU THÉÂTRE
Mode femme et accessoires
57 Plan C3

Démesuré, décadent, clinquant ? Surtout libre et virevoltant ! Les vêtements, bijoux et accessoires vendus dans cette petite boutique ont tous été soigneusement sélectionnés par Amélia Rodrigues, une consultante d'image et designer d'accessoires de mode renommée. Les styles, qui vont du pastel aux mélanges bigarrés, sont tour à tour romantiques ou exubérants. Cette boutique est un petit monde en soi, que toutes les amatrices d'accessoires apprécieront !

Rua da Escola Politécnica, 69, bus 202 ou 758, arrêt Rua da Escola Politécnica • ☎ 215 982 900 • Facebook : Loja « Amélie au Théâtre » • Lun.-sam. 10h30-20h, dim. 12h-17h30.

Amélie au Théâtre

REAL SLOW RETAIL CONCEPT STORE
Enfants
58 Plan C3

Plusieurs stands de mode et de déco se partagent un bel espace industriel doté d'un café revisitant la cuisine italienne. Loja Real dessine sa propre ligne de vêtements pour enfants, complétée de jolis chaussons faits main et d'espadrilles *made in Portugal* (12-18,50 €). Un stand déborde de livres illustrés et de jouets rétro.

Praça do Príncipe Real, 20, bus 202 ou 758, arrêt Príncipe Real • ☎ 213 461 147 • Facebook : Real Slow Retail Concept Store • Lun.-sam. 10h30-20h, dim. 13h-20h.

CAVALO DE PAU
Déco
59 Plan C4

On adore cette boutique déco qui mêle vieux meubles industriels, objets anciens, œuvres d'art contemporain et artisanat portugais, africain et indien. Petit aperçu de ce mix étonnant et réussi : cheval à bascule peint, fauteuil de barbier, tapis africain, vieux jouets portugais, gros colliers marocains et casiers d'usine en métal. Petits bibelots à partir de 5 €.

Rua de São Bento, 164, tram 28E, bus 706 ou 727, arrêt Palácio de São Bento • ☎ 213 966 605 • www.cavalodepau.pt • Lun.-sam. 11h-19h.

Cadeaux et souvenirs
MADE IN PORTUGAL

Lisbonne recèle de merveilleuses boutiques où dénicher de jolis souvenirs faits main et pas chers ! On pourra jouer la carte du *fabricado em Portugal* rétro : conserves enveloppées de papier kraft, hirondelles en céramique de Bordalo Pinheiro, savons de luxe aux emballages Art nouveau… ou miser sur les accessoires de jeunes créateurs. Voici notre sélection :

SOLAR

Antiquaire spécialisé dans les azulejos anciens… Une mine de trésors. Voir p. 178.

FABRICA SANT'ANNA

Céramiques et azulejos faits mains dans la plus pure tradition portugaise. Voir p. 179.

A ARTE DA TERRA

Un lieu dédié à l'artisanat portugais. Voir p. 181.

A VIDA PORTUGUESA

Des objets touchants et poétiques, 100 % portugais.
Voir p. 183.

THIS & THAT

Irrésistible mix de trouvailles décalées. Voir p. 187.

LOJA GALERIA ORIGINAL

Cadeaux, objets design et créations originales.
Voir p. 189.

DEPÓSITO DA MARINHA GRANDE
Arts de la table (60) Plan C3-4

Du verre poli, mat, coloré, travaillé… Les deux Depósito da Marinha Grande sont les magasins de la fabrique de Marinha Grande (100 km au nord de Lisbonne) où se perpétue une tradition d'artisans verriers. Dans les deux boutiques, un choix ahurissant d'articles utilitaires ou déco et des prix diablement intéressants : fioles, bougeoirs, vases, services à cocktail (verre à pied style « pointe de diamant » de 4 à 6 €).

Rua de São Bento, 234 et 418, tram 28E, arrêt Rua de São Bento • ☎ 213 963 096 • www.dmg.com.pt • Lun.-ven. 9h-19h, sam. 9h-13h.

PRÍNCIPE REAL
Linge de maison (61) Plan C3

La dernière maison de Lisbonne où l'on brode encore à la main ! Fournisseur des maisons royales depuis presque un siècle, c'est l'adresse pour trouver l'authentique trousseau de grand-mère, sur les pas de Grace Kelly ou Jackie Kennedy : linge de maison (nappe avec 12 serviettes à partir de 29 €, draps de lit à partir de 59 €), napperons, chemises de nuit... Pour le fin du fin, les prix peuvent atteindre des sommets...

Rua da Escola Politécnica, 12-14, bus 202 ou 758, arrêt Rua da Escola Politécnica • ☎ 213 465 945 • www.principereal.com • Lun.-ven. 9h-18h, sam. 9h-13h.

CENTRO PORTUGUÊS DE SERIGRAFIA
Gravure et sérigraphie
62 Plan B4

Le centre portugais de Sérigraphie a pour objectif de rendre l'art accessible grâce aux techniques de la gravure et de la sérigraphie. Ses expositions permettent de découvrir artistes portugais et étrangers, et de se faire plaisir grâce à un grand choix d'œuvres d'art plus ou moins abordables (75-1 000 €).

Rua dos Industriais, 6, bus 706 ou 727, arrêt Conde Barão • ☎ 213 933 260 • www.cps.pt • Lun.-ven. 9h30-18h30, sam. 14h-19h (juil.-sept. f. sam.).

THIS & THAT
Souvenirs et cadeaux
63 Plan C3

Entre les lampes design (têtes d'animaux façon origami), les œuvres d'art décalées d'artistes

Cavalo de Pau, p. 185

portugais (à partir de 15 €), les petits trésors de papeterie fantaisie ou la vaisselle artisanale poétique, difficile de repartir les mains vides de cette jolie boutique ! Dans ce mix de jolies choses, on trouve encore des peluches rigolotes, des nappes funky et des poupées gigogne branchées.

Rua da Escola Politécnica, 50, bus 202 ou 758, arrêt Rua da Escola Politécnica • ☎ 213 420 330 • www.thisandthat.pt • T.l.j. 10h-19h.

VOIR AUSSI :

Embaixada | p. 65 | 64 Plan C3

Estrela et Campo de Ourique (quartier 10 - p. 68)

ANTIMILK
Enfants ⑥⑤ Plan A3

Cette marque portugaise propose des vêtements chic et originaux pour vos bouts de chou. Shorts bouffants en tissu Liberty, tuniques bobos brodées, gilets fins à collerette... tout est décidément craquant et sort de l'ordinaire ! Une bonne petite adresse si vous recherchez des articles confortables et de qualité (robes autour de 40 €). Tailles de 2 à 16 ans.

Rua Francisco Metrass, 83B, tram 25E ou 28E, arrêt Rua Saraiva de Carvalho • ☎ 213 970 773 • www.antimilk.pt • Lun.-ven. 10h30-19h30, sam. 10h30-18h30.

OFICINA À LAPA
Déco ⑥⑥ Plan A3

Plusieurs designers se partagent cet atelier pour réaliser de superbes tables en patchwork de bois recyclé (table de chevet 150 €, table ronde 800 €), des chaises vintage « reboostées » à coups de pinceaux, des sardines en bois décoratives, des lampes et des miroirs originaux. Non seulement on fait un geste pour la planète, puisque tout est recyclé, mais on est aussi sûr de repartir avec une pièce unique.

Rua Saraiva de Carvalho, 90, tram 25E ou 28E, arrêt Rua Saraiva de Carvalho • ☎ 213 978 203 • www.oficinalapa.pt • Lun.-ven. 11h-18h.

Du Museu de Arte Antiga aux docks (quartier 11 - p. 72)

LER DEVAGAR
Librairie ⑥⑦ Hors plan par A5

La gigantesque librairie de LX Factory (voir p. 77) est aussi un centre culturel : expos, concerts, danse et pièces de théâtre. Consultez l'agenda !

Rua Rodrigues Faria, 103, tram 15E ou 18E, arrêt Calvário • ☎ 213 259 992 • www.lerdevagar.com • Lun. 12h-21h, mar.-jeu. 12h-minuit, ven.-sam. 12h-2h, dim. 11-21h.

VOIR AUSSI :

LX Factory | **p. 77** | Hors plan par A5

Rato et Amoreiras (quartier 12 - p. 78)

FLY LONDON
Chaussures ⑥⑧ Plan C2

La première boutique de la marque de chaussures 100 % portugaise et funky a ouvert ses portes sur l'avenue la plus chic de Lisbonne ! Colorés, atypiques, les modèles en cuir, des sandales aux sabots en

passant par les derbys revisités, sont conçus pour affronter la jungle urbaine et sont très confortables. Comptez autour de 100 € la paire.
Av. da Liberdade, 230, M° Avenida • ☎ 213 161 169 • www.flylondon.com • Lun.-sam. 10h-19h.

TOPÁZIO
Argenterie (69) Plan C2

Cette marque portugaise d'argenterie existe depuis 140 ans. Logée dans le hall du très chic Altis Grand Hotel, la boutique présente des pièces historiques ou contemporaines dans le domaine des arts de la table, décoration ou d'étonnants hochets en argent pour les enfants. Certaines pièces sont designées par de grandes signatures, comme Cristina Santos Silva, Dino Gonçalves, Siza Vieira et Toni Grilo.
Altis Grand Hotel, rua Castilho, 11, M° Avenida • ☎ 967 570 860 • www.topazio.pt • Lun.-ven. 9h-12h30 et 14h30-18h30.

Ler Devagar

Belém (quartier 14 – p. 86)

LOJA GALERIA ORIGINAL
Souvenirs et cadeaux
(70) Hors plan par A5

Entre la boutique de souvenirs et la galerie d'art, c'est une mine d'idées cadeaux à tous les prix allant du mug Pessoa au tee-shirt flanqué du tram 28E (taille enfant 15 €), du coq de Barcelos revisité à la broche hirondelle en tissu en passant par les œuvres d'artistes locaux, les bijoux de créateurs et les objets déco de jeunes designers.
Rua de Belém, 80-82, tram 15E, arrêt Belém • ☎ 213 638 024 • Facebook : Loja Galeria Original • Mar.-dim. 11h-19h30.

Parque das Nações (quartier 16 – p. 100)

VOIR :

Centro Vasco da Gama
| p. 101 | Hors plan par F4

Carnet

PRATIQUE

Retrouvez toutes nos adresses localisées sur les cartes et plans grâce à un numéro coloré.

56	35	28
Restos	Bars	Boutiques

Le numéro renvoie à sa notice détaillée dans le chapitre concerné.

QUAND PARTIR ?

Lisbonne est accueillante toute l'année grâce à un **climat océanique tempéré :** jamais vraiment froide en hiver, ni trop chaude en été. Emportez éventuellement un parapluie et surtout des chaussures confortables ! Au printemps et à l'automne, prévoyez une petite laine et un coupe-vent pour le matin et le soir, et en hiver, sachez que sous prétexte qu'il ne fait jamais froid, certains restaurants ou musées ne sont pas chauffés.

Juin, avec ses fêtes des saints populaires, est le moment idéal pour découvrir des quartiers en liesse. **En décembre,** pour les fêtes de Noël, Lisbonne se pare d'une profusion de décorations, les magasins ouvrent les samedis et dimanches, et les vitrines sont superbes. C'est aussi l'occasion de goûter aux pâtisseries de Noël.

POUR Y ALLER

EN AVION

De Paris (Paris-Charles-de-Gaulle 2D et Paris-Orly), il existe des vols réguliers quotidiens avec **Air France** et **TAP Air Portugal.** Ces deux compagnies proposent également des départs de grandes villes de province. Les offres promotionnelles sont fréquentes, regardez leur site Internet. D'autres compagnies - **Aigle Azur, Easyjet, Vueling, Ryanair et Transavia** - desservent aussi Lisbonne en vol direct depuis Paris ou la province.

Trouver le meilleur vol

Pour trouver les meilleures offres, consultez les comparateurs de vols :

www.easyvols.fr ; www.liligo.fr ; www.bravofly.fr ; www.sky scanner.fr ; www.opodo.fr

FORMALITÉS

PASSEPORT ET CARTE D'IDENTITÉ

Si vous êtes **ressortissant de l'UE,** vous devez être en possession d'une carte nationale d'identité ou d'un passeport en cours de validité. Dans les autres cas, il faudra vous adresser avant votre départ au consulat, qui pourra vous délivrer un visa de tourisme.
Les **enfants mineurs** doivent posséder leur propre carte d'identité ou passeport. S'ils ne sont pas accompagnés de leurs parents, une autorisation de sortie du territoire est nécessaire (formulaire à télécharger sur www.service-public.fr/particuliers/vosdroits/F1359).

Consulat général du Portugal à Paris :
6-8, rue Georges Berger, Paris 17e
• ☎ 01 56 33 81 00
• www.consuladoportugalparis.org

Ambassade du Portugal :
1, rue de Noisiel, Paris 16e
• ☎ 01 47 27 35 29
• www.paris.embaixadaportugal.mne.pt

DOUANE

Pour des achats réservés à un usage personnel, les citoyens de l'Union européenne n'ont pas à remplir de déclaration ni à payer de droits et taxes au départ ou au retour en France (la TVA est payée dans le pays où vous faites vos achats).

Centre de renseignement des douanes :
☎ 0811 20 44 44
• www.douane.gouv.f.r

ASSURANCES

Certaines cartes de paiement internationales offrent une assurance bagage et le rapatriement si vous l'utilisez pour payer votre billet d'avion.
Par ailleurs, toutes les agences de voyages proposent ces mêmes assurances, comprises dans les forfaits la plupart du temps.
Il existe aussi les organismes spécialisés suivants :

Europ Assistance : ☎ 01 43 85 93 65
Mondial Assistance : ☎ 01 42 99 82 81

SANTÉ

Avant de partir, procurez-vous la Carte européenne d'assurance-maladie (CEAM) auprès de votre caisse d'assurance-maladie (toutes les infos sur www.ameli.fr).
Nominative et valable un an, elle vous dispense de l'avance de frais médicaux à condition de consulter un médecin du service public de santé (carte non valable auprès des médecins et hôpitaux privés).
Urgences médicales : ☎ 118.

Les meilleurs *hostels*

Cosy, modernes et bien décorés, les ***hostels*** sont parfaits pour les petits budgets (petit déjeuner et Internet inclus).

Lisbon Travellers House
Rua Augusta, 89 (plan E4), M° Baixa-Chiado • www.travellershouse.com

The Independente
Rua de São Pedro de Alcântara, 81 (plan D3), M° Restauradores • www.theindependente.pt

Lisbon Destination Hostel
Largo Duque de Cadaval, 17 (gare du Rossio, 2e ét. ; plan D3-4), M° Restauradores • www.destinationhostels.com

DORMIR À LISBONNE

QUEL QUARTIER ?

La **Baixa** est le quartier le plus central et le mieux desservi par les transports en commun. Pour profiter de l'animation nocturne, optez pour le **Bairro Alto**, **Príncipe Real** ou le **Cais do Sodré**. Le **Castelo** sera idéal pour un séjour de charme à l'abri de l'agitation. Les hôtels des grandes chaînes se concentrent sur l'avenida da Liberdade.

HÔTEL OU *PENSÃO* ?

La classification officielle distingue l'**hôtel** de 2 à 5 étoiles, le ***residencial*** de 1 à 5 étoiles (hôtel sans restaurant), la ***pensão*** (pension, catégorie la plus basse), l'***hostel*** (voir encadré ci-contre) et la ***pousada de juventude*** (l'auberge de jeunesse). L'hôtel garantit, en général, des services plus nombreux que la pension (pas de restaurant dans celle-ci mais petit déjeuner souvent compris et accueil plus chaleureux).

RÉSERVATION

Il est préférable de réserver, surtout en haute saison (juin-septembre), pour bénéficier des meilleurs tarifs. Renseignez-vous sur les conditions d'annulation. Pour les réservations de dernière minute, consultez le portail dédié de l'office de tourisme (www.bookinglisboa.com). Sur place, adressez-vous directement à l'office de tourisme (voir p. 197).
Retrouvez notre sélection d'adresses, p. 202.

TARIFS

En fonction de la période de l'année, les prix peuvent doubler (juin-octobre). Vérifiez toujours que les taxes, le service et le petit déjeuner sont inclus. Pour bénéficier du meilleur tarif, consultez en priorité le site de l'hôtel, puis les sites de comparateurs de prix (www.hotels.com ou www.booking.com). Comptez environ 20 € en dortoir, de 40 à 80 € dans une pension ou un hôtel de basse catégorie, de 80 à 150 € pour les catégories supérieures, et au-delà pour les hôtels très chic.

Une adresse à Lisbonne

Une adresse à Lisbonne comprend un nom de rue, un numéro, et bien souvent une lettre (A, B, C ou D). Palais, demeures historiques et maisons anciennes n'avaient à l'origine qu'un seul numéro. Depuis, ils ont été divisés en logements et en boutiques sans que la numérotation ne soit revue: la lettre permet donc de trouver la bonne porte!

DE L'AÉROPORT AU CENTRE-VILLE

L'aéroport de Lisbonne est situé au nord de la ville. Trois solutions pour rejoindre le centre-ville:

Le bus

L'**Aerobus** (arrêt devant le hall des arrivées) rejoint le centre-ville (ticket: 4 €, vendu à bord) en 30 min environ (arrêts principaux: Avenida da Liberdade, Restauradores, Rossio, Comércio, Cais do Sodré). De l'aéroport: t.l.j. 8h-23h (départ ttes les 20 min; ttes les 25 min après 19h); vers l'aéroport: t.l.j. 7h40-23h. Des lignes de bus classiques font aussi la liaison avec le centre-ville, mais n'acceptent pas les valises.
www.aerobus.pt

Le métro

La **ligne rouge** (Vermelha) dessert le Terminal 1 de l'aéroport (station Aeroporto) et permet de rejoindre le centre-ville en 30 min. Une navette permet de rejoindre la station depuis le Terminal 2.

Le taxi

Les taxis officiels (noir et vert ou beiges) sont relativement bon marché (12 à 15 € selon l'adresse de votre hôtel, l'heure d'arrivée et le nombre de bagages).
Voir aussi la rubrique « En taxi » p. 196.

SE DÉPLACER À LISBONNE

Dans le centre de Lisbonne, il est conseillé de circuler à pied et d'utiliser transports en commun et taxis. Une voiture est plus encombrante qu'utile: rues étroites, difficulté de se repérer et de circuler dans certains quartiers, difficulté de stationnement. D'un quartier à l'autre, bus, tramways *(elétricos)* ou funiculaires *(ascensores)* sont les bienvenus car les pentes sont souvent très raides!

Bus, tramways, funiculaires

La société Carris gère les bus, les tramways et les funiculaires.
Infos: ☎ 213 500 115 • www.carris.pt. Kiosque Casa da Sorte: praça da Figueira, 1B (plan E3-4), ou praça Dom Pedro IV, 19 (plan E3-4) • T.l.j. 8h-20h. Kiosque Santo Amaro: rua 1° de Maio, 93 (hors plan par E1) • Lun.-ven. 9h-17h. Cais do Sodré: en face de la gare (plan D5) • Lun.-ven. 8h-20h, sam. et j.f. 9h-18h.

Titres de transport

Les cartes de transport **Viva Viagem** ou **7 Colinas** *(sete colinas)* sont des cartes magnétiques rechargeables permettant de voyager en métro et sur tout le réseau Carris (bus, tramways, funiculaires, Elevador de Santa Justa). Valables 1 an, elles sont en vente (0,50 €) aux machines et guichets du métro, dans les kiosques Carris, les agences PayShop et les bureaux de poste. Il suffit de les charger de voyages individuels *(Bilhete viagem Carris/ Metro* 1,45 €), d'un forfait 24h de voyage illimité *(Bilhete diário Carris/Metro* 6,15 €) ou d'une somme d'argent *(Zapping)*. Avec l'option *Zapping* (valable aussi sur le réseau de ferrys Transtejo), le ticket individuel coûte 1,30 € au lieu de 1,45 €. **Attention,** il faut épuiser une formule de voyage avant de pouvoir en charger une nouvelle. Pour un **voyage occasionnel,** il est possible d'acheter un ticket à l'unité (prévoyez de la monnaie) à bord des bus (1,80 €), tramways (2,85 €) et funiculaires (3,60 € A/R).

En métro

Les quatre lignes de métro offrent une excellente couverture de la ville (t.l.j. 6h30-1h).
Infos : ☎ 213 500 115
• www.metrolisboa.pt

En tramway

La montée se fait à l'avant et la descente à l'arrière, n'oubliez pas de sonner pour demander l'arrêt. Soyez très attentif aux **pickpockets**, en particulier sur les lignes 15E et 28E. Les cinq lignes de tramway *(elétricos)* fonctionnent de 6h/7h à 23h/minuit.
12E : petite boucle sur les collines du Castelo et de l'Alfama ; **15E** : praça do Comércio, les quais, Belém ; **18E** : les quais, Palácio da Ajuda ; **25E** : praça do Comércio, Santos, Lapa et Estrela ; **28E** : Graça, Alfama, Baixa, Chiado, Bairro Alto, São Bento et Estrela.

En funiculaire et ascenseur

Les **funiculaires** *(ascensores* ; 3,60 € A/R) et l'**ascenseur** vertical *(elevador)* se révèlent très pratiques pour rejoindre les quartiers hauts de Lisbonne (voir aussi p. 56-57). Ils sont tous accessibles avec les cartes de transport Viva Viagem et 7 Colinas.

- **Ascensor do Lavra :** **Largo da Anunciada (plan D3), av. da Liberdade)/rua Câmara Pestana • Lun.-ven. 7h-21h, sam.-dim. et j.f. 9h-21h.**
- **Ascensor da Glória :** **Praça dos Restauradores/São Pedro de Alcântara (plan D3) • Lun.-ven. 7h-minuit, sam. 8h30-0h30, dim. et j.f. 8h30-0h30.**
- **Ascensor da Bica :** **Rua de São Paulo (rua Duarte Belo)/ largo de Calhariz (plan D4-5) • Lun.-sam. 7h-21h, dim. et j.f. 9h-21h.**
- **Elevador de Santa Justa :** accès au Chiado depuis la Baixa. **Rua do Ouro/largo do Carmo (plan E4) • Voir p. 27.**

En bus

Les bus circulent de 5h30 à 1h. Le réseau étant dense, il est conseillé de se procurer un plan. La majorité des terminus se situent praça da Figueira (E3-4), praça do Comércio (E5) ou Cais do Sodré (D5). Les arrêts (paragem) sont indiqués par des panneaux jaunes. Il faut faire signe au chauffeur pour demander l'arrêt du bus. La montée s'effectue à l'avant, la descente à l'arrière. Pensez à bien valider votre carte magnétique. L'itinéraire n'étant pas affiché dans le bus, le chauffeur pourra vous indiquer votre arrêt. Un service de bus de nuit (Rede de Madrugada) prend la relève de minuit à 5h. Trois lignes utiles si vous faites la fête sur les docas : le 201 (arrêt Alcântara), le 206 et le 210 (arrêt Santa Apolónia) vous amèneront à Cais do Sodré.

En taxi

Les taxis sont nombreux et bon marché. Vérifiez bien que le taximètre fonctionne. Stations de taxis au Rossio (plan E3-4) et largo do Chiado (plan D4). La prise en charge est de 2 € (2,50 € soir et week-end). Comptez environ 7 € pour une course dans le centre.

Rádio Táxis de Lisboa : ☎ 218 119 000. Teletáxis : ☎ 218 111 100.

En bateau

Lisbonne est un port et la vie s'organise encore autour des *cais* (quais) et des *estações fluviais* (embarcadères). Vous pourrez emprunter les *cacilheiros*, des bacs orange et blanc, pour rejoindre **Cacilhas et Trafaria** sur la rive opposée.

Voir aussi la rubrique « Se déplacer dans les environs de Lisbonne » ci-contre.

À vélo

Malgré ses collines pentues et ses ruelles étroites, Lisbonne accueille de plus en plus de cyclistes. Pour une balade sans danger, préférez les allées du Parque das Nações ou la piste cyclable (partagée avec les piétons) le long du Tage entre Cais do Sodré et Belém (env. 7 km). Agence de location à Cais do Sodré :

Bike Iberia : largo Corpo Santo, 5 • ☎ 213 470 347 • www.bikeiberia.com • À partir de 14 €/j.

Louer une voiture

Les principaux loueurs sont présents à l'aéroport.

Avis : www.avis.com.pt • T.l.j. 7h-22h. Hertz : • www.hertz.pt • Lun.-ven. 8h30-19h. Europcar : • www.europcar.pt • Lun.-ven. 8h30-19h30, sam. 9h-18h.

SE DÉPLACER DANS LES ENVIRONS DE LISBONNE

Sintra

De la gare du Rossio (plan D3), dir. Sintra, arrêt Sintra. Trains ttes les 10-20 min de 6h à 1h. Comptez 40-45 min de trajet.
Sur place, le **bus 434** (ttes les 15-20 min devant la gare, A/R : 5,50 €) de la Scotturb dessert le Palácio de Sintra, le Castelo dos Mouros et le Palácio da Pena.
Le **bus 435** dessert la Quinta da Regaleira.

Queluz

De la gare du Rossio (plan D3), dir. Sintra, arrêt Queluz-Belas. Trains ttes les 10-20 min de 6h à 1h. Comptez 20 min de trajet.

Praia dos Carcavelos, Estoril et Cascais

De la gare Cais do Sodré (plan D5), trains de la **linha do Cascais,** arrêt à Carcavelos (20-25 min), Estoril (30-35 min) et Cascais (30-40 min). Trains ttes les 12-20 min de 5h30 à 1h30.

Comboios de Portugal
☎ 707 210 220 • www.cp.pt

Praia do Guincho

De Cascais à Guincho, la piste cyclable **Ciclovia do Guincho** offre une superbe balade (8,7 km). Les Bicas, vélos en libre-service, peuvent être loués aux stations de Cascais : mai-sept. t.l.j. 8h-20h ; oct.-avr. t.l.j. 9h-17h. Avoir plus de 16 ans et présenter sa carte d'identité.

Infos : office de tourisme de Cascais, praça 5 de Outubro • ☎ 912 034 214 • www.visitcascais.com • Mai.-sept. : t.l.j. 9h-20h ; oct.-avr. : t.l.j. 9h-18h.

Cacilhas

En bateau, du **terminal fluvial de Cais do Sodré** (plan D5).

☎ 808 20 30 50 • www.transtejo.pt • T.l.j. 5h15-1h40 • Trajet : 10 min • Billet (au terminal) : 1,25 € l'aller.

Plages de Costa da Caparica

De Lisbonne, bus TST 153 (praça de Espanha, M° Praça de Espanha) ou bus TST 161 (praça Aeeiro, M° Aeeiro) jusqu'au terminus Costa da Caparica (45 min).

En **ferry** depuis le **terminal fluvial de Belém** (au pied du MAAT ; lun.-sam. 7h-22h, dim. 8h30-21h30) jusqu'à Trafaria via Porto Brandão (25 min), puis bus TST 129 jusqu'au terminus Costa da Caparica (18 min).

De Cacilhas, bus TST 124 jusqu'au terminus Costa da Caparica (45 min).

Sur place, le petit train **Minicomboio da Caparica** relie les plages de la côte, de Nova Praia (station à l'extrémité sud de l'avenida General Humberto Delgado) à Fonte da Telha.

Transpraia : ☎ 212 900 706 • www.transpraia.pt • 15 juin-15 sept. : t.l.j. 9h-20h • Billet : 8 € A/R.

À VOIR, À FAIRE

OFFICES DE TOURISME

Ask Me Lisboa est un réseau de 13 points d'information touristique situés à Lisbonne et dans sa région.

Infos : www.visitlisboa.com

Jours fériés

À part les jours fériés traditionnels (1er janvier, 1er mai, 15 août et 25 décembre), il existe d'autres dates fériées propres au Portugal. Ces jours-là, banques, magasins et la plupart des musées sont fermés : Vendredi saint, 25 avril, 10 juin, 13 juin et 8 décembre.

Points d'information principaux :

Ask Me Lisboa Terreiro do Paço (plan E5), M° Terreiro do Paço • ☎ 210 312 810 • T.l.j. 9h-20h.
Ask Me Lisboa Story Centre (plan E5), M° Terreiro do Paço • ☎ 910 517 886 • T.l.j. 10h-20h.
Ask Me Lisboa Palácio Foz, praça dos Restauradores (D3), M° Restauradores • ☎ 213 463 314 • T.l.j. 9h-20h.
Autres bureaux touristiques : **Jardim Regedor (rua do Jardim do Regedor) ; aéroport ; Rossio (praça D. Pedro IV, plan E3-4) ; gare Santa Apolónia (hors plan par F4) ; Belém (Mosteiro do Jerónimos, hors plan par A5) ; Parque das Nações (Alameda dos Oceanos).**

Lisboa Card

Disponible à l'office de tourisme, ce **pass** touristique permet de voyager en illimité sur tous les transports publics (y compris les train pour Cascais et Sintra) et donne droit à l'entrée gratuite dans 26 musées et monuments, des réductions sur l'entrée d'autres sites, sur certains spectacles et circuits touristiques, ainsi que des remises dans certains magasins (19 € pour 24h, 32 € pour 48h et 40 € pour 72h).

www.lisboacard.org

Les horaires

Les musées et monuments sont en général ouverts du mardi au dimanche de 10h à 18h (16h-17h en hiver), fermés le lundi (et parfois le mardi matin) ainsi que certains jours fériés (1er janv., dim. de Pâques, 1er mai et 25 déc.). Les musées secondaires font en principe une coupure le midi. Les horaires d'ouverture des églises sont plus aléatoires. Certaines n'ouvrent que pour les offices.

En cas d'urgence

Pompiers, police, ambulance
☎ 112.

Ambassade de France
Rua Santos-o-Velho, 5 (plan B4)
• ☎ 213 939 100
• www.ambafrance-pt.org

Section consulaire
☎ 213 939 292
• Lun.-ven. 8h30-12h.

Police touristique
☎ 213 421 623.

Les bons plans

Pensez aux **billets combinés** que proposent certains sites pour faire des économies : Mosteiro dos Jerónimos, Torre de Belém et Museu Nacional de Arqueologia ; Museu Nacional do Traje e da Moda, Museu Nacional do Teatro e da Dança et parc Monteiro-Mor ; Museu Gulbenkian, Centro de Arte Moderna et galeries d'exposition. Aussi de nombreuses formules de billets combinés pour les palais et parcs de Sintra et Queluz.
Rens. : www.parquesdesintra.pt.

VISITES GUIDÉES

En bus à impériale ou en tramway

Yellow Bus Tours

Au départ de la praça da Figueira, deux circuits en bus à ciel ouvert avec audioguide pour découvrir la vieille ville et les bords du Tage. Un circuit est aussi proposé à Belém.

☎ 213 478 030 • www.yellowbustours.com • Ticket : 16 € (Belém : 10 €).

En tramway

Hills Tramcar Tour

Au départ de la praça do Comércio, ce tramway touristique rouge sillonne les vieux quartiers de Lisbonne avec commentaires audio et système de *hop-on/hop-off.*

Billet valable 24h, juin-sept. 9h30-19h ttes les 25 min, oct.-mai 9h30-17h30 ttes les 30 min • Billet : 20 €.

Sachez que l'on peut faire le même parcours avec le tram 28E pour 2,85 € (voir p. 195). Le **Tramcar Tour & Fado** propose le même circuit avec un spectacle de fado (25 €).

☎ 213 478 030 • www.yellowbustours.com

En bateau

Bonjour Lisbonne

À l'heure où le soleil descend sur l'horizon, embarquez en petit groupe (6 pers. max.) sur un voilier pour naviguer en musique dans l'estuaire du Tage, un verre de vin à la main.

Escadinhas do Marquês de Ponte de Lima, 8 (plan E3) • ☎ 966 998 827 • www.bonjourlisbonne.fr • 40 €/pers.

En tuk-tuk

Une balade originale en tuk-tuk motorisé. De nombreuses

Lisbonne gratuit

La capitale regorge de **musées** et l'accès à certains d'entre eux est **gratuit** : Núcleo Arqueológico, Museu da Guarda Nacional Republicana, Museu Coleção Berardo, Galeria de Arte Urbana.

D'autres sont **gratuits le dimanche** (matin ou journée) : Museu de São Roque, Museu Gulbenkian, Centro de Arte Moderna, Museu de Lisboa ou Museu Bordalo Pinheiro, Parque Eduardo VII et Estufas, Centro Científico e Cultural de Macau, Museu de Marinha (1er dim. du mois) et MAAT (1er dim. du mois).

Enfin, voici d'autres idées de visites qui ne vous coûteront rien : la cathédrale (sauf cloître et trésor), la basilique da Estrela et les nombreuses églises de la ville, la Casa do Alentejo, les œuvres d'art en plein air et les jeux d'eau du Parque das Nações, les animations du Mercado de Fusão, les shows burlesques de Pensão Amor et les concerts gratuits (on paie juste sa consommation) des lounge-bars.

compagnies attendent praça do Comércio (plan E5) et à l'entrée du Castelo (plan F3-4). Optez pour la version *eco-friendly* avec un tuk-tuk 100 % électrique.

Eco Tuk Tour. : ☎ 914 925 450 • www.ecotuktours.com • Différents circuits de 60 € (1h) à 260 € (5h).

À pied

Lisboa Autêntica

Balades commentées de 3h ou 3h30 : Lisbonne essentielle, fado, Découvertes, Lisbonne vintage (Alfama, Mouraria), Lisbonne de l'autre rive et Lisbonne du XXIe s.

☎ 913 221 790 • www.lisboaautentica.com • 15-30 €.

Lisbonne Âme & Secrets

Visites guidées en français (env 3h30) et hors des sentiers battus dans les vieux quartiers par des habitants amoureux de leur ville.

☎ 963 967 967 • www.lisbonne-ame-secrets.com • T.l.j. à 10h ou 15h30 sur résa • Visite : 20 €.

Bon à savoir

Heure locale

Il y a 1h de décalage entre le Portugal et la France : quand il est midi à Paris, il est 11h à Lisbonne.

Tabac

Il est interdit de fumer dans les lieux publics fermés. Les restaurants, bars et discothèques ont le choix et peuvent avoir un espace fumeurs.

Téléphoner

Pour **téléphoner à Lisbonne depuis la France** : 00 351 + numéro de votre correspondant. Pour téléphoner en France depuis Lisbonne : 00 33 + numéro de votre correspondant sans le 0.

Les **frais d'itinérance** *(roaming)* ne sont plus facturés par votre opérateur lors de vos voyages au sein de l'Union européenne. Communications (appels, SMS, MMS) et connexion Internet au Portugal sont incluses dans votre forfait (des surcoûts peuvent toutefois s'appliquer et cette réglementation n'est valable qu'en dehors de votre pays de résidence). **Renseignez-vous auprès de votre opérateur.**

Infos : www.europa.eu/youreurope/citizens, rubrique « Télécommunications et Internet ».

Courrier

Les timbres *(selos)* sont en vente dans les bureaux de poste, aux distributeurs et dans les commerces portant le symbole des Correios de Portugal (cheval blanc sur fond rouge) et la mention « *selos* ».

Bureaux de poste : praça dos Restauradores, lun.-ven. 8h-22h, sam. 9h-18h ; aéroport : lun.-ven. 9h-20h, sam. 9h-18h, dim. 9h-13h et 14h-17h.

Excursion dans la baie de Setúbal

Véritable fondu de nature, Vasco vous embarque en Jeep pour une journée sur la côte sauvage de la baie de Setúbal, au sud de Lisbonne. Au programme : observation de la faune et de la flore, balade sur les falaises, découverte d'empreintes de dinosaures, mais aussi visite d'une fabrique traditionnelle d'azulejos et d'une cave de Moscatel.

Feathers & Scales : • ☎ 915 158 399 • Facebook : Feathers & Scales • 50 € • Également excursions d'observation des dauphins et des oiseaux.

Lisbon Street art tours
Ce collectif constitué notamment d'une anthropologue et d'une designer graphiste partage son amour du street art à travers une visite de deux heures (en anglais ou en français).

☎ 920 515 491 ou ☎ 920 232 229 • www.lisbonstreetarttours.wordpress.com • Résa en ligne • Participation libre.

En chanson

Le musée du Fado et la Casa Comunitária da Mouraria organisent des visites chantées, en portugais et en anglais (sam. 15h, départ de l'église de la praça Martim Moniz, E5, 10 €) ou en français sur réservation (20 €, ou 10 € au-delà de 4 pers.).

Mouraria : Beco do Rosendo, 8-10 • ☎ 218 885 203 • www.renovaramouraria.pt.
Alfama : Museu do Fado • www.museudo fado.pt (voir p. 53).

À vélo

Lisbon Bike Tour
Du Parque Eduardo VII à la Torre de Belém, une balade de 3h30 tout en descente !

Rens. : ☎ 912 272 300 • www.lisbonbiketour.com • Départ t.l.j. à 9h30 sur résa • Visite (en anglais) : 32,50 €.

ET LE BUDGET ?

Sauf si vous choisissez un hôtel de luxe et des restaurants très à la mode, la vie à Lisbonne n'est pas très chère. Un repas dans un restaurant de catégorie moyenne vous coûtera entre 15 et 25 €/pers. Une entrée dans un musée coûte de 2 à 10 €, un concert de 10 à 35 €, un spectacle de fado (dîner inclus) de 25 à 45 € et l'entrée en club entre 5 et 25 €.

Cartes bancaires

Le Portugal étant un pays de la zone euro, vous pouvez y effectuer retraits et paiements par carte aux mêmes conditions tarifaires qu'en France (pas de commission pour la plupart des cartes bancaires). Attention, certains commerces et restaurants n'acceptent que les règlements en espèces.
En cas de perte ou de vol, appelez le **centre d'opposition multicartes** ☎ 00 33 892 705 705.

Nos hôtels PAR QUARTIER

Le Rossio (quartier 2 - p. 30)

LAVRA GUESTHOUSE

Murs blancs, parquet et touches design dans une pension moderne à 5 min du Rossio.
Calçada Sant'Ana, 198A (plan E3), M° Restauradores • ☎ 218 820 000 • www.lavra.pt • 59-69 € ; petit déjeuner : 5 €.

GAT ROSSIO

Des chambres modernes à deux pas du Rossio. Terrasse pour le petit déjeuner.
Rua Jardim do Regedor, 27-35 (plan D3), M° Restauradores • ☎ 213 478 300 • hotelgatrossio.com • 75-140 €.

INTERNACIONAL DESIGN HOTEL

Pop, Zen, Tribal ou Urban, chaque étage de cet hôtel tendance a son propre style. Son restaurant, Bastardo (voir p. 117), est tout aussi branché.
Rua da Betesga, 3 (plan E4), M° Rossio ou Restauradores • ☎ 213 240 990 • www.idesignhotel.com • 156-200 € ; petit déjeuner : 15 €.

Le Chiado, autour de l'Igreja do Carmo (quartier 3 - p. 34)

MERCY HOTEL

Cet hôtel contemporain propose 47 chambres élégantes, certaines avec une belle vue sur le vieux Lisbonne et le Tage.
Rua da Misericórdia 76 (plan D4), M° Restauradores, puis ascensor da Glória et bus 758, arrêt Largo Trindade Coelho • ☎ 212 481 480 • www.mercyhotel.com • 126-180 € ; petit déjeuner : 15 €.

Bairro Alto et l'Igreja de São Roque (quartier 4 - p. 38)

ANJO AZUL

Le seul hôtel 100 % gay de Lisbonne est un pied-à-terre idéal pour les fêtards qui souhaitent profiter de l'animation nocturne du Bairro Alto. Chambres assez petites et toutes simples.
Rua Luz Soriano, 75 (plan D4), tram 28, arrêt Calhariz • ☎ 213 478 069 • www.anjoazul.com • 57-65 €, sans petit déjeuner.

Brown's Central Hotel

Au cœur du Chiado, cet hôtel offre des chambres cosy et bien équipées, ambiance « gros coussins et velours rouge ». Le buffet du petit déjeuner offre un large choix et le bar, au rez-de-chaussée, est l'endroit idéal pour un dernier cocktail avant de se retirer dans ses quartiers...

Rua da Assunção, 75, M° Baixa-Chiado • ☎ 213 420 328 • www.hotelbrownscentral.com • 120-200 €.

BAIRRO ALTO

Ce petit hôtel luxueux et cosmopolite mélange esprit lounge européen et tradition portugaise. Chambres avec vue sur le Tage ou la place Luís de Camões et divine petite terrasse panoramique.

Praça Luís de Camões, 2 (plan D4), M° Baixa-Chiado • ☎ 213 408 220 • www.bairroaltohotel.com • 250-430 €.

Cais do Sodré et Bica (quartier 5 - p. 42)

SANTA CATARINA HOTEL

Des chambres petit budget à la déco jeune et minimaliste, équipées du strict nécessaire. Bar au rez-de-chaussée avec terrasse.

Rua Dr Luís de Almeida e Albuquerque, 6 (plan CD4), tram 28E, arrêt Santa Catarina • ☎ 213 461 009 • 43-75 €.

LX BOUTIQUE HOTEL

Irrésistible boutique-hôtel aux couleurs de Lisbonne, dont les chambres à thème vous propulsent dans l'univers du Tage, du fado, du Bairro Alto ou des 7 collines. Restaurant de sushis très couru.

Rua do Alecrim, 12 (plan D5), M° Cais do Sodré • ☎ 213 474 394 • www.lxboutiquehotel.com • 130-225 €, petit déjeuner : 15 €.

L'Alfama et le Castelo de São Jorge (quartier 6 - p. 46)

THE KEEP

L'accès peut être long mais ne manque pas de romantisme. Ce petit hôtel économique est un nid d'aigle noyé dans le lierre et les jacarandas, et offre une vue exceptionnelle. Toilettes et douches communes.

Costa do Castelo, 74 (plan E3), trams 12E ou 28E, arrêt São Tomé • ☎ 218 854 070 • www.the-keep.lisbon-hotel.org • 42-60 €.

De Príncipe Real à São Bento (quartier 9 - p. 64)

HOTELALEGRIA

Derrière une façade XIXe s., des chambres coquettes très bien tenues. Un *residencial* champion dans sa catégorie.

Praça da Alegria, 12 (plan D3), M° Avenida
• ☎ 213 220 670
• www.hotelalegrialisboa.com
• 43-83 €.

CASA DE SÃO MAMEDE

Petit hôtel à l'élégance classique dans une ancienne demeure de magistrat du XVIIIe s. Les 28 chambres sont très coquettes et l'accueil est familial et sympathique.

Rua da Escola Politécnica, 159 (plan C3), M° Rato • ☎ 213 963 166
• www.casadesaomamede.pt
• 57-100 € (suite 120 €).

Rato et Amoreiras (quartier 12 - p. 78)

DOM SANCHO I

Sur l'avenue la plus chère de Lisbonne, un hôtel familial aux prix doux. Chambres bien équipées décorées dans le style rustique portugais.

Av. da Liberdade, 202 (2e, 3e et 5e ét. ; plan D2), M° Avenida • ☎ 213 513 160
• www.domsancho.com • 60-150 €.

Du Museu de Arte Antiga aux docks (quartier 11 - p. 72)

YORK HOUSE

Noyé dans la végétation et logé dans un ancien couvent du XVIIe s., ce boutique-hôtel est absolument charmant avec ses murs bleu Matisse et son patio à l'ombre des palmiers. Un paradis romantique au sommet d'un vieil escalier en pierre.

Rua das Janelas Verdes, 32 (plan B5), tram 25E, arrêt Santos-o-Velho
• ☎ 213 962 435
• www.yorkhouselisboa.com
• 80-250 € ; petit déjeuner : 15 €.

Du Parque Eduardo VII aux Avenidas (quartier 13 - p. 82)

INSPIRA SANTA MARTA HOTEL

Déco chic et contemporaine, chambres feng shui, technologie pour rester connecté, Spa et sauna pour se relaxer. Tous les ingrédients d'une halte urbaine zen.

Rua de Santa Marta, 48 (plan D2), M° Avenida ou Marquês de Pombal
• ☎ 210 440 900 • www.inspirasantamartahotel.com • 116-200 €.

Lexique

EXPRESSIONS USUELLES

Assez : *suficiente*
À tout à l'heure : *até já, até logo*
Au revoir : *adeus*
Beaucoup : *muito*
Bonjour : *bom dia* (avant 13h), *boa tarde* (13h-20h), *boa noite* (après 20h)
Excusez-moi : *desculpe-me, com licença*
Je ne comprends pas : *não compreendo, não percebo*
Je vous en prie : *faz favor*
Madame : *a senhora*
Merci : *obrigado/a*
Monsieur : *o senhor*
Non : *não*
Oui : *sim*
Pourquoi ? : *por quê ?*
Rien : *nada*
S'il vous plaît : *faz favor, por favor*

AU RESTAURANT

Addition : *conta*
Assiette : *prato*
Beurre : *manteiga*
Bière : *cerveja*
Bistrot, troquet : *tasca, tasquinha*
Bœuf : *vaca*
Bouteille d'eau / de vin : *garrafa de água / de vinho*
Brasserie : *cervejaria*
Café : *café*
Chocolat : *chocolate*
Déjeuner : *almoço*
Demi-portion : *meia dose*
Dessert : *sobremesa*
Dîner : *jantar*
Eau minérale (avec gaz, sans gaz, fraîche, naturelle) : *água mineral (com gás, sem gás, fresca, natural)*
Fromage : *queijo*
Fruits : *frutas*
Gâteau : *bolo, doce*
Glace : *gelado*
Glaçon (avec ou sans glaçon) : *gelo (com ou sem gelo)*
Hors-d'œuvre : *petiscos*
Huile : *azeite*
Jambon blanc : *fiambre*
Jambon cru : *presunto*
Jus de fruits, d'orange : *sumo de fruta, de laranja*
Lait : *leite*
Menu : *carta, lista*
Menu touristique : *ementa turística*
Morue : *bacalhau*
Pain : *pão*
Parfum (glace) : *sabor do gelado*
Pâtes : *massas*
Petit déjeuner : *pequeno almoço*
Poisson : *peixe*
Salade verte : *alface*
Sel et poivre : *sal e pimenta*
Sucre : *açúcar*
Thé : *chá*
Verre : *copo*
Viande : *carne*
Vin : *vinho*

À L'HÔTEL

Chambre : *quarto*
Lit (à deux places) : *cama (de casal)*
Nuit : *noite*
Réservation : *reserva*
Salle de bains : *casa de banho*

EN VILLE

Argent : *dinheiro*
Banque : *banco*
Boîte aux lettres : *caixa dos correios*
Bus : *autocarro*
Distributeur automatique : *caixa multibanco*
Embarcadères : *estação fluvial*
Métro : *metro*
Poste : *correios*
Quais : *cais*
Rue : *rua*
Taxi : *táxi*
Téléphone : *telefone*
Timbre-poste : *selo*

SHOPPING

Acheter : *comprar*
Argent (matière) : *prata*
Bon marché : *barato*
Bijoux : *jóias*
Bijouterie : *ourivesaria*
Boutique : *loja*
Broderie : *bordado*
Caisse : *caixa*
Chaussures : *sapatos*
Chemise/chemisier : *camisa*
Cher (trop cher) : *caro (demasiado caro)*
Combien est-ce ? : *quanto custa ?*
Coton : *algodão*
Cuir : *couro*
Disque : *disco*
Essayer (un vêtement) : *experimentar (uma peça de roupa)*
Fermé : *fechado*
Jouet : *brinquedo*
Lingerie : *lingerie, roupa interior*
Livraison : *entrega*
Livre : *livro*
Marché : *mercado*
Mode : *moda*
Or : *ouro*
Ouvert : *aberto*
Payer : *pagar*
Peau, cuir : *pele, couro*
Pointure : *tamanho, medida do calçado*
Prix : *preço*
Qualité : *qualidade*
Rabais : *desconto*
Retouche : *retoque de um vestido*
Robe : *vestido*
Sac : *carteira*
Solide : *resistente*
Taille : *tamanho*
Veste : *casaco*

Mots clés

A

B

C

D-E

F-G

H-I

J

L

Dernière édition revue et enrichie par **Marjolaine Koch.**
Éditions antérieures revues et augmentées par **Gaëlle Redon et Natasha Penot.**
Édition originale établie par **Catherine Tanneau Cremonesi.**

Suivi éditorial : Bertrand Lauzanne / **Lecture-correction :** Arianne Fort
Ont également collaboré à cet ouvrage : Andrés Morales
Conception graphique de la couverture et de la maquette intérieure : Caroline Joubert
• www.atelier-du-livre.fr
Mise en pages intérieure : Maogani
Contact presse : rmazef@hachette-livre.fr - ☎ 01 43 92 36 66
Contact publicité : vhabert@hachette-livre.fr - ☎ 01 43 92 32 52

Aussi soigneusement qu'il ait été établi, ce guide n'est pas à l'abri des changements de dernière heure, des erreurs ou omissions. Ne manquez pas de nous faire part de vos remarques. Informez-nous aussi de vos découvertes personnelles, nous accordons la plus grande importance au courrier de nos lecteurs :

Guides Un Grand Week-end - Hachette Tourisme - 58, rue Jean-Bleuzen, 92170 Vanves
weekend@hachette-livre.fr
Facebook @GuidesUnGrandWeekend • **Instagram** @ungrandweekend
• **Twitter** @ungrandweekenda

Édité par Hachette Livre (58, rue Jean-Bleuzen, CS 70007, 92178 Vanves Cedex)
Imprimé par Polygraf (Capajevova 44, 08199 Presov, Slovaquie)
Achevé d'imprimer : décembre 2017
ISBN : 978-2-01-700843-9 - 63-3519-5
Dépôt légal : décembre 2017 - Collection n°44 - Édition : 01

CRÉDIT PHOTOGRAPHIQUE

Intérieur :
Patrice Hauser : p. 8 (ht), p. 10, p. 11 (c. d.), p. 12 (c. d.), p. 14, p. 17 (ht), p. 22, p. 26 (b.), p. 31, p. 44, p. 45 (ht), p. 59, p. 66, p. 73, p. 77, p. 80, p. 87, p. 110 (b.), p. 115, p. 118, p. 123, p. 128, p. 135, p. 151, p. 163, p. 172, p. 175, p. 176, p. 177, p. 180, p. 184, p. 187, p. 189 /**Marjolaine Koch :** p. 12 (ht) / **Natasha Penot :** p. 65, p. 113 (d.), p. 129, p. 141, p. 145, p. 147, p. 157, p. 165 (b.), p. 167, p. 182 / **Jérôme Plon :** p. 19, p. 47, p. 48 (b.), p. 51, p. 74, p. 101, p. 102 (b.), p. 126, p. 148, p. 150, p. 159, p. 169 / **Yoann Stoeckel :** p. 4, p. 6, p. 7 (ht d., c. g.), p. 8 (c. d., b.), p. 9, p. 11 (ht), p. 12 (b), p. 13 (ht, b.), p. 15, p. 21, p. 23, p. 25, p. 26 (ht), p. 27, p. 32, p. 33 (b.), p. 35, p. 37, p. 40-41, p. 43, p. 45 (b), p. 48 (ht), p. 50, p. 60-61, p. 67, p. 69-71, p. 75-76, p. 79 (b.), p. 81, p. 83-85, p. 88-93, p. 97-98, p. 102 (ht), p. 103, p. 105, p. 107, p. 110 (ht), p. 111, p. 113 (b.), p. 116, p. 122, p. 136, p. 146, p. 152, p. 165 (ht), p. 171, p. 179, p. 185 / **Hachette :** p. 94 / **Hemis :** Bertrand Rieger p. 1 / **Shutterstock :** Dennis van de Water p. 2 ; Neirfy p. 7 ; J2R p. 11 ; saranya33 p. 13 ; Sean Pavone p. 16 ; PirahaPhotos p. 17 ; Gustavo Frazao p. 29 ; jiawangkun p. 33 ; Mauro Rodrigues p. 36 ; Vaclav Mach p. 52 ; Steve Photography p. 57 ; javarman p. 63 ; pinggr p. 95 ; Interpixels p. 106 ; Luis Santos p. 109.

Nous adressons nos remerciements aux établissements suivants pour leur aide précieuse : © Casa-Museu Medeiros e Almeida p. 79 (ht) ; Cevicheria © Francisco Rivotti p. 125 ; © Cafe de São Bento p. 132 ; Ministerium Club © Rui Soares p. 143.

Couverture : © Hemis : Maurizio Borgese (ht plat 1) ; Bruno et Tuul Morandi (b. g. plat 1) ; © Agefotostock : Holger Leue (b. d. plat 1) ; © Yoann Stoeckel (plat 4).